The Guideline for Airfare & Airline Ticketing

- TOPAS Sell Connect -

항공운임발권실무

양정임 저

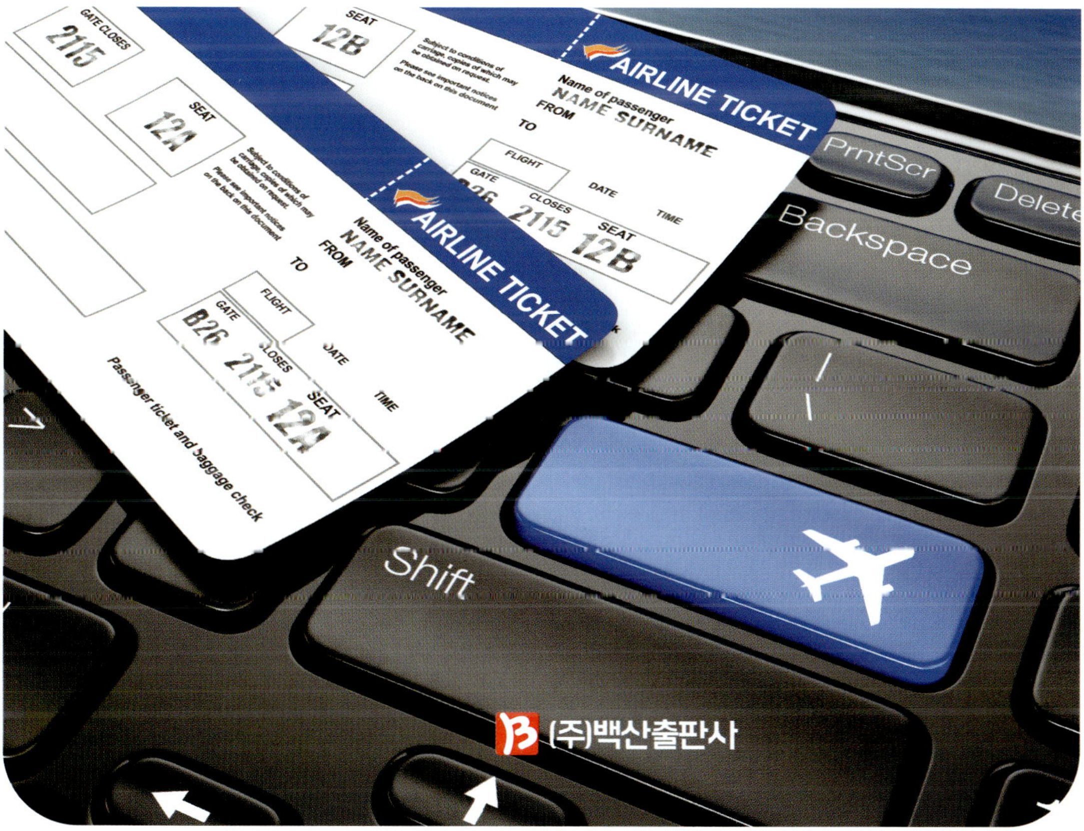

(주)백산출판사

머리말

최근 TOPAS는 선진 GDS사인 Amadeus와의 기술력을 결합하여 차세대 예약/발권시스템으로 고객에게 한차원 높은 스마트워크 서비스를 제공하겠다고 공략하였다. 기존의 TOPASRO2에서 TOPAS Sell Connect로 2014년 9월에는 전면 전환되었다. 예약부문에서는 PNR 변경 시 SSR(Special Service Request) 자동 재신청, 복편여정동시조회, 여정이 서로 다른 승객들에 대한 동시 예약기능 등 안전적인 시스템이 도입되었다. 발권부문에서는 자동운임계산범위 확대와 재발행 및 환불 시 운임차액 자동계산 등 여러 기능이 제공되었다.

Asiana항공사가 가입되어 있는 Star Alliance도 Amadeus Altea고객관리 솔루션 시스템 도입을 통해 애바커스와 아마데우스의 병행사용이 불가피하다.

항공여행서비스에 대한 고객의 요구는 점점 높아지고, 정보제공속도에 대한 요구도 빨라지고 있다. 이러한 항공여행시장의 빠른 변화와 다양한 요구에 충족시키고자 하는 항공정보시스템의 Upgrade는 당연한 과정이다. 관광과 학생들과 항공사 및 여행사에 취업을 희망한다면, 새로운 정보입력지시어와 Solution에 대한 습득은 필수적이다. 본서는 Amadeus 기반의 한국여행시장에서 TOPAS만의 노하우로 새로운 환경을 구축하고 있는 TOPAS SellConnect를 이용하여 항공운임 실무를 익히도록 구성되었다. 항공예약실무에 이어 항공운임발권실무교재는 현장실무업무에서 가장 기초적으로 습득해야 할 항공운임과 항공권의 이해, 발권업무기초를 다루고 있다. 20년 이상의 항공예약, 발권 업무경력과 학생들에게 CRS 예약, 운임, 발권을 교육하면서 얻어진 노하우는 본서를 집필하는 데 많이 반영되었다. 각 장마다 관광산업 현장에서 요구되는 새로운 업무시스템 실무내용들을 위주로 항공운임의 전반적인 이론 습득은 물론 항공발권사무원자격증 습득에 필요한 실전운임발권 평가 대비 연습문제 실습을 통해 현장 실무적용능력을 최대한 배양하고자 하였다. 이를 통해 학생들은 충분한 이해와 능력을 갖추어 항공발권사무원자격증 1급, 2급 취득이 가능하리라 믿는다.

마지막으로 본서가 출판되기까지 많은 도움을 주신 토파스 박숙희 차장님과 본서의 출판을 허락해주신 백산출판사 사장님 및 출판부 직원들에게 깊은 감사를 드린다.

2020년 2월

저자 씀

차 례

PART 1 항공운임의 기초

PART 2 항공운임의 계산

PART 3 항공권의 발행

Chapter 13 항공발권자격증 안내 / 237

PART 01

항공운임의 기초

CHAPTER 1 항공권의 이해

1 IATA BSP제도와 ATR

1) IATA(International Air Transport Association)

IATA는 국제항공운송협회로서 1945년 57개 항공회원사로 설립된 국제협력기구로 2019년 3월 기준 전 세계 53개국에 54개 사무소를 운영 중이며 120개국 287개 민간 항공사들이 가입되어 있다.[1)]

본부는 캐나다 몬트리올과 스위스제네바에 있으며 국제항공운송의 발전 및 관련 문제들을 조정, 해결하고 민간항공사 간 협력을 위한 교류를 목적으로 한다.

거의 75여년 동안, IATA는 국가와 글로벌 경제에 이익을 제공하고 의사결정을 위한 항공운송업이 이해를 도모하고자 하였다. 주요업무는 항공운송산업 권익 대변 및 정책·규제 개선, 업무 표준화, 승객 편의 증대 및 비용 절감 지원, 항공사 안전운항 및 효율적 운영 지원 등을 수행한다.

1) www.iata.org/about/members/page

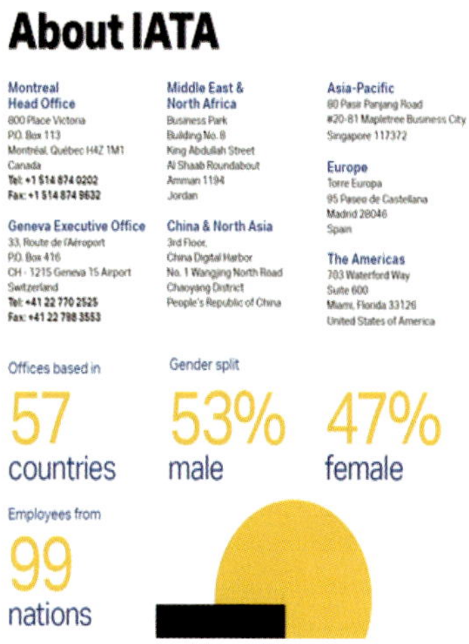

안전, 보안, 효율성과 경제성 하에서 합리적인 여객운임, 화물요율, 기내서비스의 내용 등을 결정하고 회계, 광고, 컨설팅 서비스를 제공한다. IATA 운송회의에서 결정되는 운임 및 서비스의 조건, 운송절차, 대리점에 관한 규정 등은 전 세계 IATA 항공사와 여행사에 대하여 구속력을 가지고 있으며, 각국 정부는 이를 인정하고 있다.[2)]

2) BSP(Billing Settlement Plan)

BSP는 항공사와 여행사 간의 여객운송판매, 판매보고, 판매관리를 간소화하고 표준화한 업무절차로서 Billing Settlement Plan의 약자이며, 국제항공운송협회(IATA)에서 시행하는 정산제도를 말한다. BSP에 참여하는 여행사는 인가조건에 따라 IATA의 심사 및 승인을 거쳐야 한다. 항공사집단과 여행사집단이 똑같은 방식으로 진행하는 '공동결제방식'으로 BSP에 가입된 모든 여행사는 여객대리점 계약에 따라 표준항공권을 발

2) 토파스 발권실무(2013), 토파스여행정보, p.124.

권할 수 있으며, BSP 항공사에 대한 판매 내용을 전산처리센터(IDPC)에 정해진 기일에 보고해야 하는 의무를 가진다.

IATA 코리아의 업무가 싱가포르 서비스센터로 2014년에 이관되면서 BSP-KOREA는 가입하는 항공사와 여행사에 대한 승인, 유지 규정을 집행하고 IATA Passenger Agency Conference의 결과보고회에 따라 절차 및 스케줄에 의거하여 항공권판매보고서(Billing)를 작성하며, 입금관리 및 담보관리와 항공권 불출승인, 항공권 재고관리의 역할을 하고 있다.

(1) BSP의 장점

① 단순화 및 표준화

여행사는 중립적인 Standard Traffic Documents(표준 운송 문서)를 사전에 결정된 대로 안정적으로 공급받을 수 있으며 모든 BSP 항공사를 대신하여 여행사는 동일한 표준화된 항공권(Standard Traffic Documents) 발권이 가능하다. 또한 여행사는 단일 판매 보고서를 하나의 중앙 장소로 발행하고 한 번 송금을 한다.

② 통제

BSP에 구현된 통제 시스템은 중립적인 대금 청구/수금 기관이 항공사 및 여행사를 위한 대금 청구 및 청구 금액 내역을 통일된 형식으로, 신속하게 생성되며 항공사와 여행사는 중립적인 BSP Manager에 의해 생성된 불규칙 및 디폴트(Irregularity and Default)를 모니터링할 수 있어 이로 인해 얻는 장점이 있다.

③ 자동화 및 비용절감

지원 부서 업무의 자동화가 단일 회계 시스템으로 이루어지며 BSP를 이용할 경우 최신 항공권 자동 발행 장치를 사용할 수 있으며 항공권 발권, 항공권 배포, 항공권 판매보고 등의 시간과 비용이 절감된다. 고객에게 좀 더 쉽게 판독이 가능한 항공권을 제공할 수 있게 된다.

(2) BSP 여행사의 업무흐름

① 여행사

- 담보 기준에 따른 항공권(STOCK) 신청 후 항공권 배정(Capping)
- 항공사별 발권 규정에 따라 GDS를 통해 전자항공권(ET) 및 전자지불증(EMD) 발행
- 판매보고 주기에 따라 전산처리센터(DPC)에 판매보고 및 관련증빙 제출
- 발권 및 판매보고 관련 발행 점소 증빙자료 보관
- BSP 정산은행에 항공권 판매대금을 입금
- 항공사의 발권 심사 후 발행되는 ADM에 대한 소명자료 제출 및 추가 정산처리

② 항공사

- 항공권 발행관련 심사
- ADM, ACM 등 항공사 정산서류 정시 발행

③ BSP KOREA

- 담보관리 및 항공권 불출승인
- 항공권 재고관리, 자동발권 에러 관리
- 항공권 판매보고, 입금관리 등

④ 전산처리센터(Data Processing Center)

- 대리점 판매자료를 전산처리하여 Billing Report 작성 및 대리점 배포 역할을 수행

BSP 지불 방식의 업무흐름도

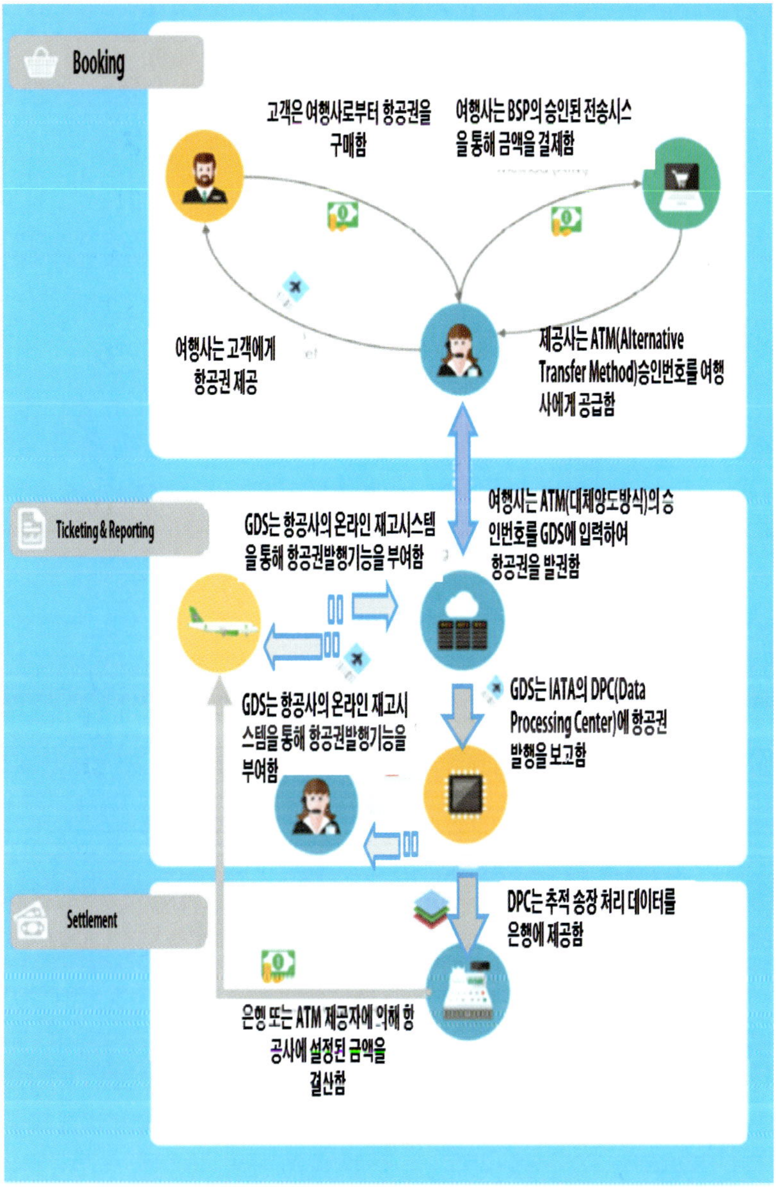

출처: BSP 업무매뉴얼 2018

⑤ BSP 정산은행(Clearing Bank)

- 대리점의 항공권 판매대금 입금 및 항공사 정산 역할을 수행

⑥ System Provider(GDS)

- 여행사가 항공권 예약발권 시스템을 통해 기본적인 항공예약, 발권, 환불, 판매취소 등의 업무를 진행할 수 있도록 시스템 환경을 제공하며 판매 DATA에 대한 최종 자료를 BSP에 자동으로 제출함.
- 한국에서는 SABRE, TOPAS, GALILEO, WORLDSPAN 등 4개 회사가 가입되어 있음.

⑦ 신용카드사

- 비씨, 롯데, 신한, 삼성, 국민, 현대, 하나, NH 등 대부분의 신용카드사가 가입되어 있으나 항공사별로 항공권 발행 시 사용할 수 있는 신용카드는 다르게 계약되어 있음.

ATR(Air Ticket Request) 대리점이란?

BSP가 여행사와 항공사 공동의 결제방식이라면, ATR은 항공관련 여객대리점 중에 담보능력 등의 부족으로 'BPS'제도에 가입하지 못하였거나 공동발권에 참여하지 못하는 여행사가 항공사와 진행하는 개별거래를 의미한다. ATR 여행사는 자체발권을 할 수 없으며 BSP 여행사에 비해 수수료의 차이가 있다. 항공사와의 직거래로 ATR발권을 하기도 하지만 BSP 여행사를 통했을 때 더 낮은 항공요금을 받을 수 있는 경우도 있어 여행사 간의 비즈니스도 활발하다. 또한 BSP에 가입되어 있는 여행사라 하더라도 경우에 따라서는 항공사와 직접 거래하는 ATR발권으로 더 저렴한 항공가격을 받기도 한다. 최근 여행사에서도 규모의 경제로 바뀌면서 대형여행사들은 항공사의 판매량(Volume)을 늘리기 위해 ATR 여행사의 대리점 역할분담을 통해 발권량을 늘리고 있다.

2 항공운송증표의 종류

항공운송증표란 여행자와 항공 간에 성립된 계약의 내용 및 조건을 표시하고, 항공사의 운송약관과 기타 약정에 의하여 여행자 운송이 이루어지게 됨을 표시하는 일종의 계약증서이다. 항공여행을 하려는 승객과 항공수송을 담당하는 항공사 간의 계약으로 사용되는 운송증서로서 여객뿐만 아니라 수하물의 운송까지 해당되며, 모든 관리와 책임은 명기된 실명소지자에게 있다. 따라서 이에 대한 올바른 취급은 항공업무의 기본이고 동시에 고객서비스의 중요한 요소이다. 이러한 항공운송증표는 항공사, 여행사 간에 정산이 가능하며, IATA에서 정한 표준양식을 사용하도록 되어 있다.

1) Passenger Ticket & Baggage Check(여객항공권)[3]

항공권은 국제항공노선에서 사용하는 항공권과 국내항공노선에서 사용하는 항공권으로 구별된다. 국제적으로 통용되는 항공권은 발행방식에 따라 다음과 같이 Manually Issued Ticket(MIT, 수기항공권), Transitional Automated Ticket(TAT, 전산항공권), Automated Ticket and Boarding Pass(ATB, 탑승겸용 전산항공권), E-Ticket(전자항공권)이 있다. 한국지역에서는 2005년부터 실물이 아닌 전자항공권이 도입되었고, 2008년부터 본격적으로 BSP 여행사의 경우 모든 항공권이 전자화되어 사용되고 있다. 실물항공권(Paper Ticket)인 경우 승객은 여행사나 항공사에서 구입한 항공권을 전달받고, 항공기 탑승을 위해 공항의 해당 항공사 Check-in Counter(좌석배정 카운터)에서 Boarding Pass(탑승권)로 교환이 가능하였다. 전자항공권이 도입되면서 실물항공권이 없이도 전자항공권 발행확인서를 fax나 e-mail을 통

3) 장순자(2014), 최신항공업무의 이해, 백산출판사, pp.169-171.

해 본인의 항공권 발급여부를 확인한 후 공항에서 탑승수속을 할 수 있게 되었다. CRS(Computerized Reservation System)상의 전자항공권 기록(Electronic Ticket Record)을 통해 시스템적으로 확인함으로써 항공권 발행과 항공권 전달 과정이 간소화되었다.

(1) 수기항공권(Manually Issued Ticket: MIT)

항공권에 표시되는 각종 내용들을 직접 손으로 기입하는 것을 말한다. 항공사가 자체 발행하여 사용하는 항공권과 BSP제도하에서 여객대리점 계약에 근거하여 발행하는 수기항공권의 두 가지 형태가 있다.

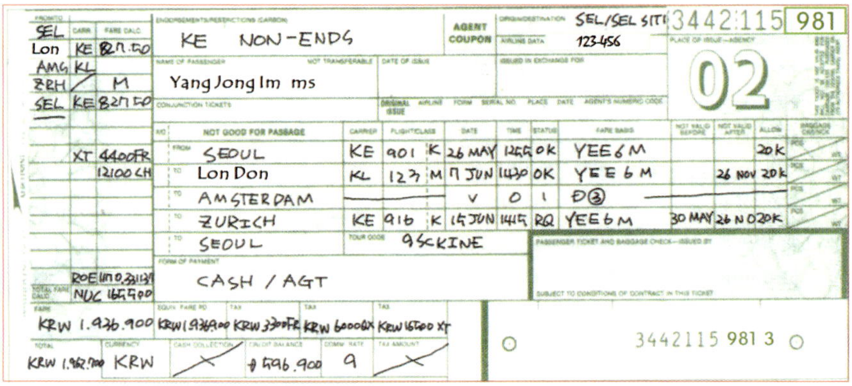
SEL Lon KE 827.50 AMS KL ZRH M SEL KE 827.50
KE NON-ENDS
AGENT COUPON
SEL/SEL SITI 3442 115 981
123-456
Yang Jong Im ms
02
NOT GOOD FOR PASSAGE
SEOUL KE 901 K 26 MAY 1255 OK YEE6M 20K
London KL 123 M 17 JUN 1430 OK YEE6M 26 NOV 20K
AMSTERDAM V O I D
ZURICH KE 916 K 15 JUN 1415 RQ YEE6M 30 MAY 26 NOV 20K
SEOUL
XT 4400FR 12100 CH
ROE 1110.32113
NUC 1655.00
CASH / AGT
KRW 1,936,900 KRW 1,936,900 KRW 3300FR KRW 6000BX KRW 16500 XT
KRW 1,962,900 KRW 596,900 9
3442115 981 3

(2) 전산항공권(Transitional automated Ticket: TAT)

전산항공권은 항공사 및 여행사에 설치된 단말기와 자동발권장치를 활용하여 발행되는 항공권이다. 수기항공권과 마찬가지로 BSP제도하에서 여객 대리점 계약에 근거하여 IATA에서 정한 표준양식을 사용하고 있다. 항공사의 전산시스템을 통하여 승객의 예약기록에 반영된 예약 및 발권 데이터를 이용하여 발행되는 항공권이다.

① 제한/양도(Restriction/Endorsement)

항공권의 제한사항과 양도에 관한 사항으로 타 항공사로의 양도, 환불 규정, 날짜 변경에 대한 제한사항 등을 표시한다.

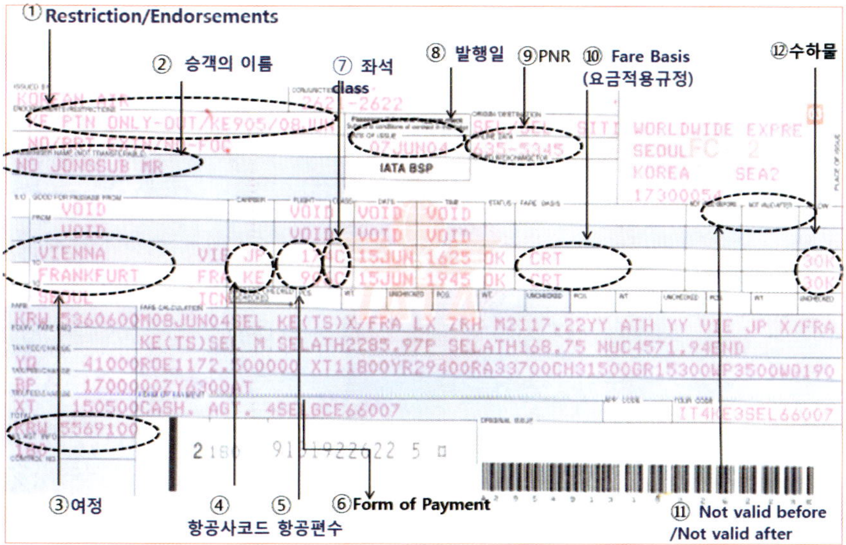

이서 및 제한사항(restrictions)의 기재는 3가지가 주로 표기되는데, 다음과 같다.

❶ NON-END(non-endorsable): 다른 항공사로 바꿀 수 없는

❷ NON-RER(non-reroutable): 다른 여정으로 바꿀 수 없는

❸ NON-REF(non-refundable): 환불할 수 없는

NON-ENDS는 Non-Endorsable(타 항공사로의 양도 불가)를 표시하며, 환불 불가(non-refund)일 경우는 Non-Ref로 표시할 수 있다. 날짜 변경 시 변경수수료가 발생할 경우에는 CHG FEE로 표시하거나, 날짜 변경불가 표시로 Date Not Change 등 다양한 방법으로 표시할 수 있다.

그 밖에 Conjunction Tickets란에 표시할 수 없는 경우에는 국제선 항공

권 번호를 기재한다거나, 동반 탑승객의 항공권 번호를 연결(Tkt Relation) 시키기 위하여 사용하는 경우도 있다.

② 승객의 이름(Name of Passenger)

예약사항에 기재된 승객이름이 자리하는 곳이다. Not Transferable이 기재되어 있으며, 타인에게 양도할 수 없고 여권 상에 기재된 본인 외에는 탑승이 불가하다. 따라서 여권에 기재된 영문이름과 반드시 동일하게 입력되어 있어야 하므로, 여권의 영문이름을 확인하고 기재하여야 한다. 해당 탑승객에게 맞는 승객타이틀이 함께 입력된다.

③ 여정(Itinerary)

예약상의 항공여정으로 항공권 1매에 기재되는 구간은 4개의 구간만 기재된다. 4개의 구간이 넘어갈 경우는 다음 항공권 번호로 기재가 된다. Serial Number(연속 번호)로 다음 항공권 번호는 Conjunction란에 기재가 된다. 고객보관용(Passenger coupon)은 흰색으로 표시가 되지만, Flight Coupon(탑승용 쿠폰)은 각 여정 From -to로 구성되어 다음 여정으로 이동경로에 따라, 여정에 표시되어 있는 색이 coupon수대로 달라진다.

④ 항공사코드(Carrier), ⑤ 비행편명(Flight), ⑦ 좌석예약 Class

여정에 해당되는 구성내용으로 탑승하는 항공편명과 등급class(F, C, Y) 외에 발권시점, 여행기간, 요금조건에 따른 좌석예약 Class가 달라지며, 요금규정에 맞는 예약class가 온다. 그 외에 출발일(Date), 출발시간 (Time), 좌석의 확약여부(Status)가 표시된다. 최근 항공사의 엄격한 요금규정에 따라, 대기 발권(RQ, HL 등)이나, Open(날짜 정하지 않음)으로 발권하지 않는 추세이다.

⑥ Form of Payment(지불형태)

현금으로 발권하는 경우에는 CASH로 표시되며, 카드로 구매하는 경우

발권된 항공권상에 CC/VI 1234 XXXX XXXX으로 표시가 된다. 항공권상에 개인 신용카드 번호가 그대로 노출되어 발권이 되어 있었으나 2010년 이후 개인정보 보호강화에 따라 카드 번호가 표시되지 않으며 신용카드로 구입했음을 보여주고 있다. VISA카드인 경우는 VI, Master Card인 경우 MC 등으로 표시한다.

⑧ 발행일(Date of Issue)

항공권이 발행된 날짜가 표시된다.

⑨ Air Line Data(PNR)

CRS상에 예약된 PNR(Passenger Name Record)에서 지불형태, 발권내역이 입력되고, 발권(Ticketing)이 되면서 자동으로 입력된다.

⑩ Fare BasIs(요금규정)

예약 당시 고객의 여정, 체류기간, 항공권 예약 및 구입시점(발권시점) 등을 고려하여 요금규정에 맞는 운임을 선택하게 되는데 이때 규정되는 기준이 바로 Fare Basis이다. Fare Basis에 해당되는 내용은 다음 장에서 학습하기로 한다.

⑪ 항공권 유효기간(Not valid before/Not valid after)

표시되어 있는 날 전에 유효하지 않음/표시되어 있는 날 이후 유효하지 않음을 나타내고 있다. 대부분 항공권의 최소 체류일/최대 허용체류기간으로 항공권의 유효기간이 표시된다. Minimum Date와 Maximum Date가 해당된다.

최소체재 의무 및 허용기간(minimum stay)은 항공권의 출발일자에 명시된 기간이며, 의무기간 및 허용기간을 초과하거나 축소할 수 없다. 기준년도는 항공권 발급일자(date of issue)의 날에 기재되어 있다.

⑫ 무료 수하물허용량(Allow)의 기재

무료 수하물허용량(free baggage allowance)은 일반적으로 중량제(weight system)와 개수제(piece system)로 나뉘어진다. 일반적으로 중량제는 미주관련구간을 제외한 지역에서 사용되며, 주로 이코노미 클래스는 20kg까지, 비즈니스 클래스는 30kg까지, 퍼스트 클래스는 40kg까지 허용된다. 또한 개수제는 미주관련구간의 지역에서 사용되며, 주로 2 Piece(2개의 짐)가 허용된다. 항공사별로 규정이 다르기 때문에 확인하여야 하지만 보통 CRS를 통해 자동발권 시 생성된다.

항공운임 계산 기재사항

☞ 항공운임(Fare) 및 공항세(TAX)의 기재사항과 운임계산(Fare Calculation)의 기재사항

항공운임은 IATA(국제항공운송협회)에서 공시하는 정상운임으로 기재되는데, 출발지국의 통화로 표기된다. 한국의 출발통화는 KRW(원)으로 표시된다. 공항세는 해당 국가의 출입관련 세금으로 공항시설이 이용료는 불포함이다. 합계(total)는 항공운임(fare)과 공항세(tax)의 합계금액이 기재된다.

운임계산(fare calculation)의 난에는 항공권의 운임계산에 대한 내역이 기재되어 있다.

항공권 번호(Ticket No.)의 기재

항공권의 번호는 크게 다음의 4가지 형태로 구성되어 있다.

① 항공권 쿠폰(coupon)의 번호: 1~4까지 있음. manual ticket이나 전자식항공권에만 해당되며, 최근 e-ticket에는 별도 쿠폰번호가 기재되어 있지는 않다.

② 항공사코드: KE(180), OZ(988), CA(999) 등으로 표시되며, 숫자로도 항공사를 나타내는데, 대한항공은 180으로 코드화되어 있다. 이를 Numeric code라 부른다.

③ 항공권 일련번호(form and serial number): 주로 10자리의 숫자로 구성

④ 시스템 확인(check digit): 주로 한 자리의 숫자로 표기

(3) 전자항공권(E-Ticket)

Electronic Ticket은 유가증권인 종이로 프린트되어 나오는 항공권의 발행 없이(Without requirng The issuance Of Paper Value Documents) 여객운송 및 관련서비스의 판매 및 사용실적 등을 증명하는 방식으로 판매되는 항공권이다. 고객의 여정과 관련된 정보, 지불조건 등 항공권의 세부사항이 발행 항공사의 Computer System에 보관되고 기존 항공권으로 수행되는 모든 업무처리 등이 CRS 예약발권 시스템을 통하여 수행 가능하도록 구성되어 있다.

현재 항공권은 거의 모든 항공사들이 e-Ticket(러시아나 ATR 발권지역은 제외됨)으로 바뀌고 있기 때문에 고객의 입장에서는 항공 티켓의 소지도 편하게 되었고, 부실 시에도 PNR 번호만 알면 언제든지 재발행이 되기 때문에 편리하다. 또한 항공사의 입장에서도 항공 티켓을 e-Ticket

으로 처리하기 때문에 비용절약면에서도 효율적이다.[4)]

전자항공권의 Coupon Status는 3가지 Type이 있다. 최초, 중간상태와 최종상태가 있다.

전자항공권의 Coupon Status는 3가지 Type

O- Open for Use(사용 전 단계)

A- Airport control(항공사 컨트롤)

탑승수속을 목적으로 전자항공권의 소유권이 항공사로 이전된 단계, 재발행, 환불 등을 위해 항공권사의 통제를 받고 있는 단계

I- Irregular Operations(비정상 운영)

S- Suspended(전자항공권 사용에 대한 제한)

U- Unavailable(No-show 등으로 사용이 불가한 상태)

E- Exchanged(재발행 등을 통해 새로운 항공권 등으로 ET쿠폰이 발행)

F- Flown/Used(비행/사용완료됨)

V- Void(항공권 발행이 취소됨)

R- Refunded(환불처리됨)

Z- Closed(No Show 상태): ET쿠폰을 더 이상 사용할 수 없음을 나타내는 상태

C- Checked-In(탑승수속단계)

L- Lifted/Board(출발/탑승수속됨)

4) 장양례 외 3인(2014), 신여행업실무, 백산출판사, pp.383-387.

전자항공권 발행확인서

e-Ticket Itinerary & Receipt

Provided by TOPAS

안정민 (Tel)
wanghappy1@naver.com

1659 / 23JAN20

①승객이름

승객성명	Passenger Name	LEE/MINJUNGMS
예약번호	Booking Reference	2187-6302
항공권번호	Ticket Number	2173330206353

②이용 항공사 ③여정

여정 Itinerary

편명 Flight **TG0657** (예약번호:**R3QR62**) Operated by **TG(THAI AIRWAYS INTERNATIONAL)**

* 인천공항 **제1여객터미널** **THAI AIRWAYS INTERNATIONAL** 의 탑승수속 카운터를 이용하시기 바랍니다.

출발 Departure	**서울(ICN/Incheon intl)**	**31JAN20(금)**	**10:50**	**Local Time**	**Terminal No. : 1**
도착 Arrival	방콕(BKK/Suvarnabhumi intl)	31JAN20(금)	14:45	Local Time	Terminal No. : -

예상비행시간	Flight Time	05H 55M			
예약등급	Class	K (일반석) ④	항공권 유효기간	Not Valid Before	-

* 예약등급은 항공사 FLIGHT 정보에 따라 표기 내용과 상이할 수 있습니다.

좌석 위치	Seat Type	-		Not Valid After	29FEB20
예약상태	Status	OK (확약)	수하물	Baggage	⑤ 30K
운임	Fare Basis	K1KYKR			
기종	Aircraft Type	AIRBUS INDUSTRIE A350-900			

편명 Flight **TG0337** (예약번호:**R3QR62**) Operated by **TG(THAI AIRWAYS INTERNATIONAL)**

출발 Departure	**방콕(BKK/Suvarnabhumi intl)**	**31JAN20(금)**	**22:25**	**Local Time**	Terminal No. : -
도착 Arrival	첸나이(MAA/Chennai)	01FEB20(토)	00:30	Local Time	Terminal No. : 4

예상비행시간	Flight Time	03H 35M			
예약등급	Class	K (일반석)	항공권 유효기간	Not Valid Before	-

* 예약등급은 항공사 FLIGHT 정보에 따라 표기 내용과 상이할 수 있습니다.

좌석 위치	Seat Type	-		⑦ Not Valid After	29FEB20
예약상태	Status	OK (확약)	수하물	Baggage	30K
운임	Fare Basis	K1KYKR			
기종 ⑥	Aircraft Type	BOEING 777-200/300			

편명 Flight **TG0338** (예약번호:**R3QR62**) Operated by **TG(THAI AIRWAYS INTERNATIONAL)**

출발 Departure	**첸나이(MAA/Chennai)**	**04FEB20(화)**	**01:30**	**Local Time**	Terminal No. : 4
도착 Arrival	방콕(BKK/Suvarnabhumi intl)	04FEB20(화)	06:25	Local Time	Terminal No. : -

예상비행시간	Flight Time	03H 25M			
예약등급	Class	V (일반석)	항공권 유효기간	Not Valid Before	02FEB20

* 예약등급은 항공사 FLIGHT 정보에 따라 표기 내용과 상이할 수 있습니다.

좌석 위치	Seat Type	-		Not Valid After	29FEB20
예약상태	Status	OK (확약)	수하물	Baggage	30K
운임	Fare Basis	V1KYKR			
기종	Aircraft Type	BOEING 777-200/300			

편명 Flight **TG0634** (예약번호:**R3QR62**) Operated by **TG(THAI AIRWAYS INTERNATIONAL)**

출발 Departure	**방콕(BKK/Suvarnabhumi intl)**	**04FEB20(화)**	**07:25**	**Local Time**	Terminal No. : -
도착 Arrival	서울(ICN/Incheon intl)	04FEB20(화)	16:15	Local Time	**Terminal No. : 1**

경유	Via	타이베이(TPE)	경유지체류시간	Ground Time	0100
예상비행시간	Flight Time	06H 50M			
예약등급 ⑧	Class	V (일반석)	항공권 유효기간	Not Valid Before	02FEB20

* 예약등급은 항공사 FLIGHT 정보에 따라 표기 내용과 상이할 수 있습니다.

경유지

좌석 위치	Seat Type	-		Not Valid After	29FEB20
예약상태	Status	OK (확약)	수하물	Baggage	30K
운임	Fare Basis	V1KYKR			

항공권 운임정보 Ticket/Fare Information

제한사항	**Restriction**	NON ENDORSE/ REISSUE KRW 50000/RSVN CHRG KRW50000 REFND CHRG KRW50000/RFND NOT LATER THAN 90DAYS AFTR TKT EXPIRY
연결항공권	Conj.Ticket No.	-
운임산출내역	Fare Calculation	SEL TG X/BKK TG MAA341.81TG X/BKK TG SEL298.54NUC640.35END ROE1190.255904
산출운임	Fare Amount	KRW 762200(Paid Amount KRW 762200)
지불화폐	Equiv. Fare Paid	
세금	TAX	KRW 70200YQ 28000BP 2800E7 1200G8 1400IN 6700WO (Paid Amount KRW 110300) * 한국 출발 세금(BP)에는 국제여객공항이용료(인천/김포공항 17,000 원, 기타 12,000원), 출국납부금 10,000원, 국제질병퇴치기금 1,000원이 포함되어 있습니다.
부가수수료	Service Fees	0
총산출금액	Total Amount	KRW 872500 (Total Paid Amount KRW 872500)
지불수단 ⑨	Form of Payment	CCVI XXXXXXXXXXXX9912 / XXXX/00
발행일 발행처 ⑪	e-Ticket Issue Date/Place ⑩	23JAN2020 / 17323213 / SELK131BA
취급수수료(TASF)	KRW 100000(CC **XXXXXXXXXXXX9912/****/00)	

상기 운임정보는 공시운임으로 실제 지불 금액과 다를 수 있습니다.

- 본 e-티켓 확인증과 함께 제공된 법적 고지문을 반드시 참고하여 주시기 바랍니다.
- e-티켓 확인증은 탑승수속시, 입출국/세관 통과시 제시하도록 요구될 수 있으므로 반드시 전 여행 기간 동안 소지하시기 바랍니다. e-티켓 확인증의 이름과 여권상의 이름은 반드시 일치해야 합니다.
- 대부분의 공항에서 탑승 수속 마감 시간은 해당 항공편 출발 1 시간 전(미주, 유럽 출발/도착편은 그 이상)으로 되어 있으니, 해당 항공편 출발 예정시각 최소 2시간 전에는 공항에 도착하시기 바랍니다.
- 일부 공동 운항편의 경우 탑승 수속은 운항 항공사의 카운터에서 이루어지며, 운항항공사의 규정에 따라 탑승 수속 마감 시간이 다를 수 있습니다.
- 사전에 좌석을 배정받으신 고객께서는 항공기 출발 1시간 30분 전까지 (일등석 및 프레스티지석 이용 고객께서는 1시간 전까지) 탑승권을 발급 받으시기 바랍니다. 해당 시각까지 탑승권으로 교환하지 못하신 고객은 사전 배정 된 좌석 번호가 본인에게 배정되지 않을 수도 있습니다.
- 항공사가 제공하는 운송 및 기타 서비스는 운송 약관에 준하며, 필요시 참조하실 수 있습니다. 이 약관은 발행 항공사를 통해 확인하실 수 있습니다.
- 일부 항공사 (공동운항편 포함)에서는 탑승수속 시 해당 항공사 정책에 따라 무료 수하물 허용량과는 별도로, 위탁 수하물에 대한 Handling Fee(수하물 취급수수료)를 징수하는 경우가 있으니, 자세한 사항은 항공사로 확인하시기 바랍니다.
- 본 ITR 을 임의로 수정 시 법적 제재를 받을 수 있습니다.

3 항공권 사용의 일반규정

1) 항공권의 유효기간

① 항공운임의 적용은 첫 구간 여행개시일(출발일)에 유효한 운임을 적용해야 하며, 적용하는 운임에 따라 사용할 수 있는 유효기간이 상이하다.

② 정상운임의 경우 여행개시일로부터 1년이며, 여행을 개시하지 않았을 경우는 항공권 발행일로부터 1년간 유효하다.

③ 특별운임의 경우는 그 요금이 제시하는 해당 운임규정에 따라 유효기간이 다르며 최소(Minimum)/최대(Maximum)체류기간을 함께 제한하고 있기 때문에 고객의 여정과 해당 규정을 잘 살펴보아야 한다.

④ 항공권의 사용은 여행개시일 또는 발행일 다음날로부터 계산되며, 항공권 유효기간은 만료일 자정까지이다. 마지막 여정에 해당하는 항공권의 사용을 출발도시 기준으로 만료일 자정 이전에 개시하여야 한다.

⑤ 항공 유효기간 계산은 유효기간을 지정하는 운임조건에 따라 달라지는데, 월(Month)로 규정되어 있을 경우는 해당 월의 동일일자까지 유효하다. 유효기간이 Day로 규정된 경우는 출발일 다음날부터 더한 날이 유효기간이 된다. 예를 들어 출발일이 4월 1일이며 15일간의 항공권이라면 4월 16일이 Maximum(최대 체류허용기간)이며 항공권 사용 유효기간이 된다.
출발일이 해당 월의 마지막 날인 경우, 유효기간 만료 월의 마지막 날까지 유효한 것으로 한다. 예를 들어 1개월 유효기간인 경우 2월

28일 출발인 경우는 3월 31일이 유효기간이 된다. 5월 15일 출발 항공권의 3개월의 유효기간인 경우는 5월 15일이 된다.

2) 항공권에 적용하는 화폐단위

1995년 전까지 모든 항공권은 USD로 지불하여 해당 국가의 통화로 환산하였으나, 1995년 4월 1일부로 출발지국 통화로 사용할 수 있도록 변경되면서 한국 출발의 경우 출발지국 통화인 Korea Won(KRW)으로 사용하게 되었다. 항공운임은 최초 국제선 출발국가의 통화로 계산되며, 발권기준이 아닌 출발일을 기준으로 유효한 운임을 적용하여야 한다.

3) 항공권의 사용규정

항공권은 타인에게 양도가 불가능하며, 항공권에 표시된 승객에게만 탑승할 수 있도록 되어 있다. 따라서, 여권 상에 기재된 승객의 이름과 항공권에 제시된 영문이름(Spelling)이 일치하여야만 탑승이 가능하며, 항공권에 관한 모든 권한은 항공권에 명시된 승객에게만 주어진다.

항공권은 여정 순서대로 사용하여야 하며, 첫 구간 탑승 없이 다음 여정으로의 이동이 불가능하다.

4 TASF(Travel Agent Service Fee)[5)]

TASF란 항공권 및 호텔, 렌터카 등의 부대서비스에 대한 여행업무 취급수수료(Travel Agent's Service Fee)로 2009년 대한항공의 여행사에 대한 수수료(Commission)의 지급 중단을 시초로 각 항공사의 여행사 수수료가 없어지면서 도입된 제도이다. 취급수수료 징수에 대해 BSP가 개입하여 정산하고 있으며, TASF를 통한 취급수수료 징수는 GDS를 이용하고 있다.

5) 장양례 · 양정임(2012). 항공예약실무, 백산출판사, p.17.

연습문제

1. 다음 중 항공권의 항목과 그 기능을 잘못 연결한 것은 어느 것인가?

   1) Not Valid Before: 최소 체류의무기간을 표기

   2) Form of Payment: 승객이 운임을 지불한 결제수단을 표기

   3) Restriction/Endorsement: 항공사의 운임규정 등 제한사항을 표기

   4) Fare Basis: 운임규정에 따른 적용요금 지불방법

2. 다음 보기는 항공권의 종류를 구분하는 것에 대한 설명이다. ( ) 안에 들어갈 가장 적절한 단어는 무엇인가?

> **보기**
>
> 항공권의 종류는 발행주체에 따라 항공사가 직접 발행하는 항공사용 항공권과 BSP 여행사용 항공권으로 나눌 수 있고 , 또한 발권방식에 따라서 자동발권용 항공권과 수기발권용 항공권으로 나눌 수 있다. 여객운송에 사용되는 항공사용 실물 항공권은 TAT라고 하며, 항공사/여행사 공통으로 사용되는 전자 항공권은 (   )라고 한다.

   1) MCO

   2) ET

   3) Manual Ticket

   4) Auto Ticket

3. 항공권의 일반적인 규정사항을 설명한 것으로 올바르지 않은 것은?

1) 항공권의 탑승용 쿠폰은 반드시 순서대로 사용되어야 한다.
2) 정상운임을 사용하는 경우 항공권의 유효기간은 여행개시일로부터 1년이다.
3) 항공권은 부모가 자녀에게 양도할 수가 있다.
4) 특별운임의 경우는 해당 항공사가 제시하는 운임규정에 따라 유효기간이 정해진다.

4. 항공사의 운임을 결정하는 데 있어 이곳의 승인을 통해 각국 정부의 허가를 받아 최종승인 후 등록되어 사용하게 된다. 이곳은 국가 간 이해관계 조정 및 항공운송에 예상되는 각종 절차의 표준화를 목적으로 설립한 국제항공운송기구이다. 이곳의 이름은 무엇인가?

1) IATA
2) ICAO
3) BSP
4) GDS

CHAPTER 2 항공지리와 방향지표

1 항공지리의 개요

1) IATA의 지역구분

IATA는 항공운임 및 관련 규정의 합리적인 적용을 위해 편의상 세계를 3개의 지역으로 구분하여 각 지역별 운송회의(Traffic Conference)를 운영하고 있다. 항공운임은 기본적으로 두 도시 간의 구간운임을 중심으로 설정되며, IATA 규정에 의해 운임이 설정된다. 지역별 운송회의는 관할지역에 따라 AREA1, AREA2, AREA3로 구분되며, 지역별 운송회의(Traffic Conference)의 약자를 따서, TC1, TC2, TC3으로 호칭되기도 한다.

관할지역 내의 운임 및 규정 등은 지역별 운송회의에서 제정하고 출발국가의 승인을 받은 후 공시운임으로 사용하게 된다. IATA의 지역구분은 다시 몇 개의 Sub Area로 나뉘어지며 항공운임의 계산 및 규정적용이 보다 명료하게 이루어지도록 구성되어 있다. 이러한 지역의 구분은 항공운임 계산요소에 중요한 역할을 하며, 항공운임을 산출하기 위해서는 반드시 알아두어야 한다.

<table>
<tr><th>구분</th><th>AREA</th><th>SUB AREA</th></tr>
<tr><td>서반구(WH)
Western
Hemisphere</td><td>AREA1(TC1)</td><td>북미(North America)
중미(Centeral America)
남미(South America)
카리브해연안 국가
(Caribbean Islands)</td></tr>
<tr><td rowspan="2">동반구(EH)
Eastern
Hemisphere</td><td>AREA2(TC2)</td><td>유럽(Europe)
아프리카(Africa)
중동(Middle East)</td></tr>
<tr><td>AREA3(TC3)</td><td>한국/일본(Korea/Japan)
동남아시아(South East Asia)
남아시아 대륙(South Asian Sub Continent)
남서태평양(South West Pacific)</td></tr>
</table>

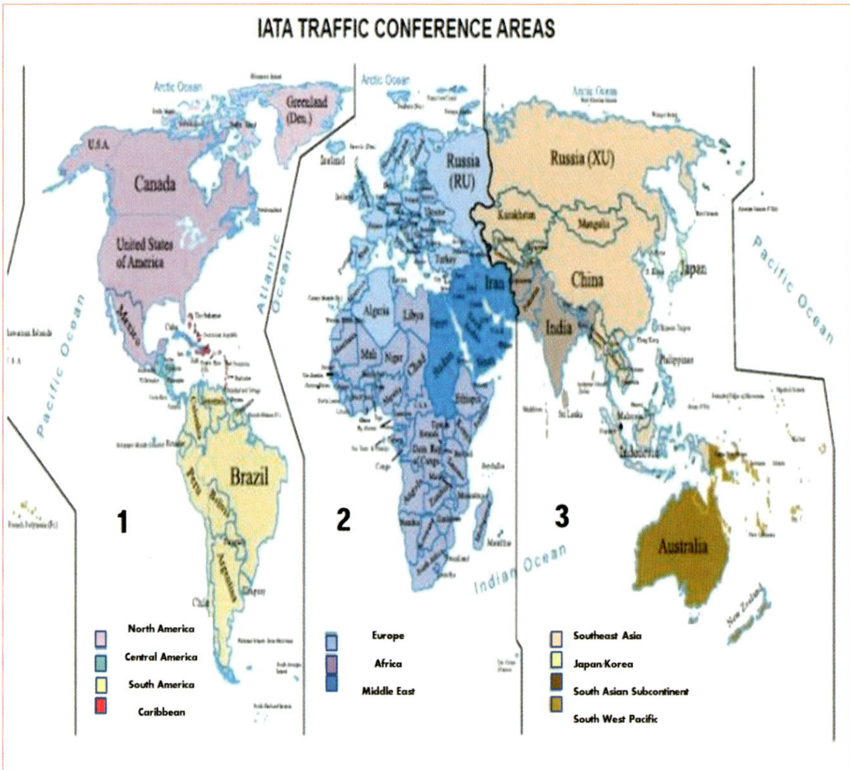

2) 지역별 주요국가

(1) AREA1

북미와 남미, 인근 섬 국가, GreenLand, Bermuda, 서인도제도, Caribbean 연안국, 하와이제도가 속해 있다.

① 북미(North America): Canada, U.S.A(Alaska, Hawii, Puerto Rico and the US Virgin Islands 포함), Mexico, St. Pierre & Miquelon, Greenland

② 중미(Central America): Belize, Costa Rica, El Salvador, Guatemala, Honduras, Nicaragua

③ 남미(South American): Argentina, Bolivia, Brazil, Chile, Colombia, Ecuador, French Guiana, Guyana, Panama, Paraguay, Peru, Suriname, Uruguay, Venezuela - South Atlantic Sub Area(ABCPU), Argentina, Brazil, Chile, Paraguay, Uruguay

④ 카리브해 인근 국가(Caribbean Area): Bahamas, Bermuda, The Caribbean Islands(Anguilla, Antigua & Barbuda, Aruba, Barbados, Cayman Islands, Cuba, Dominica, Dominican Republic, Grenada, Guadeloupe, Haiti, Jamaica, Martinique, Montserrat, Netherland Antilles, ST. Kitts & Nevis, ST. Lucia, ST. Vincent & the Grenadines, Trinidad & Tobago, Turks and Caicos Islands, Virgin Island-British), French Guiana, Guyana

(2) AREA2

유럽과 인근 섬 국가, Africa와 인근 섬 국가, 중동지역이 속해 있다.

Algeria, Morocco, Tunisia는 지리적으로는 아프리카에 속하나 IATA 구분상으로는 유럽지역에 포함되어 있다.

① 유럽(Europe)

Albania, Algeria, Andorra, Armenia, Austria, Azerbaijan, Belarus, Belgium, Bosnia & Herzegovina, Bulgaria, Croatia, Cyprus, Czech republic, Denmark, Estonia, Faroe Island, Finland, France, Georgia, Germany, Gibraltar, Greece, Hungary, Iceland, Ireland republic of, Italy, Latvia, Liechtenstein, Lithuania, Luxembourg, Macedonia Fyrom, Malta, Moldova rep. of, Monaco, Morocco, Netherlands, Norway, Poland, Portugal(including Azores & Madeira) Romania, Russian federation-west of the Urals, San Marino, Serbia & Montenegro (Formerly Yugoslaavia), Slovakia, Slovenia, Spain(including Balearic & canary Islands), Sweden, Switzerland, Tunisia, Turkey, Ukraine, United kingdom - Scandinavia Denmark(excluding Greenland), Norway, Sweden

☞ Russia는 유럽에 속하는 러시아가 있고 아시아에 속하는 유럽이 있다.
Russian in Europe(Area2) = Sochi(AER), St Petersburg(LED), Moscow(MOW), Volgograd (VGD), Kazan(KZN), Novgord(NVR)
Russian in Asia(Area3) = Irkutsk(IKT), Khabarovsk(KHV), Omsk(OMS), Vladivostok (VVO), Novosibirsk(OVB), Yakutsk(YKS), Yuzhno-Sakhainsk(UUS)

② 중동(Middle East)

Bahrain, Egypt, Iran, Iraq, Israel, Jordan, Kuwait, Lebanon, Qatar, Saudi Arabia, Sudan, Sultanate of Oman, Syrian Arab Republic, United Arab Emirates (Abudabi, Ajman, Dubai, Fujairah, Ras Al Khaimah, Sharjah, Umm Al, Qaiwain), Yemen

☞ Egypt, Sudan은 지리적으로는 아프리카에 속해 있으나 IATA 구분상으로는 중동에 포함되어 있는 국가이다.

③ 아프리카(Africa(유럽 3개국, 중동 2개국 제외))

- 중앙아프리카(Central Africa) – Malawi, Zambia, Zimbabwe
- 동아프리카(Eastern Africa) – Burundi, Djibouti, Eritrea, Ethiopia, Kenya, Rwanda, Somalia, Tanzania, Uganda
- 남아프리카(Southern Africa) – Botswana, Lesotho, Mozambique, Southwest Africa or Namibia, South Africa, Swaziland
- 서아프리카(Western Africa) – Angola, Benin, Burkina Faso, Cameroon, Cape Verde, Central African Republic, Chad, Congo(Brazzaville), Congo (Kinshasa), Cote d'Ivoire, Equatorial Guinea, Gabon, Gambia, Ghana, Guinea, Guinea Bissau, Liberia, Mali, Mauritania, Niger, Nigeria, Sao tome & Principe, Senegal, Sierra Leone, Togo
- Indian Ocean Islands – Comoros, Madagascar, Mauritius, Mayotte, Reunion, Seychelles, Libya-Libyan Arab Jamahiriya

(3) AREA3

① 한국/일본(Korea/Japan)

Japan, Korea

② 동남아시아(South East Asia)

Brunei Darussalam, Cambodia, China, Christmas Islands, Cocos(keeling) Islands, Guam, Hong Kong, SAR(Special Administrative Region of China), Indonesia, Kazakhstan, Kyrgyzstan, Laos, Macau, SAR, Malaysia, Marshall Islands, Micronesia (Caroline Island, Kwajalein, Majuro, Ponape, Rort, Saipan, Tinian, Truk, Yap), Mongolia, Myanma, Northern Marianas, Palau, Philippines, Russia east of Urals, Singapore, Thailand, Tajikistan, Turkmenistan, Timor Leste, Uzbekistan, VietNam

③ 남아시아 대륙(South Asian Subcontinent)

Afghanistan, Bangladesh, Bhutan, India(Including Andaman Islands), Nepal, Pakistan, Sri Lanka, Maldives

④ 남서태평양(South West Pacific)

American Samoa, Australia, Cook Islands, Fiji, French, Polynesia, Kiribati, Nauru, New Caledonia, New Zealand, Niue, Norfoik Islands, Papua New Guinea, Samoa, Solomon Island, Tonga, Tuvalu, Vanuatu, Wallis & Futuna Islands

2 방향지표(GI: Global Indicator)

1) 여정의 방향성

항공운임은 동일한 구간이라 하더라도 승객이 실제로 여행하는 방향에 따라 운임이 다르게 적용될 수 있다. 예를 들어 서울(SEL)에서 샌프란시스코(SFO)로 여행하는 승객의 여행 경로는 태평양(Pacific Ocean)을 횡단하여 이동하는 경로와 대서양(Atlantic Ocean)을 횡단하여 이동하는 경로로 설정할 수 있다. 그러나 이 두 가지 경로는 각각 이동거리의 합이 다르며, 항공운임은 거리의 합에 따라 운임이 다르게 책정되므로 동일한 두 도시 간의 운임일지라도 이동하는 경로 즉 방향에 따라 운임은 달라질 수 있다. 이러한 여정의 경로 및 여행의 방향성을 지표화하여 사용하는 것을 방향지표(Global Indicator)라고 부르며, 하나의 여정은 서로 다른 복수의 방향지표를 가질 수 있으며, 방향지표 선택에 따라 운임값이 다르게 책정된다.

GI	여정형태	예
WH (Western Hemisphere)	서반구 내에서 이루어지는 모든 여정	MEX/RIO/SAO LAX/SAO/NYC HNL/LAX/NYC
EH (Eastern Hemisphere)	동반구 내에서 이루어지는 모든 여정 TS, FE, RU를 제외한 동반구 내 여정	SEL/SIN/LON SEL/HKG/KUL BRU/VIE
PA (Via The Pacific Ocean)	Area 1 - Area 3 간의 태평양 횡단 여정	SEL/LAX/SFO SEL/SFO/YYZ
AT (Via The Atlantic Ocean)	Area 2/3 - Area 1 간의 대서양 횡단 여정	SEL/PAR/NYC SEL/HKG/LON/YYZ
AP (Via The Atlantic And Pacific Ocean)	태평양과 대서양을 동시에 횡단하는 여정	SEL/LAX/NYC/LON SEL/TYO/NYC/PAR SEL/SFO/SAO/IST
TS (Via Trans Siberian)	1. 한국/일본-유럽(Except Russia in Europe) 사이의 Non-Stop 여정 2. 한국/일본-Russia in Europe 사이에서 유럽을 경유하는 Non-Stop 여정	SEL/FRA/LON SEL/PAR/MOW CAI/ROM/TYO SEL/MOW/LON
RU (Direct Route Between Russia & Japan/Korea)	한국/일본과 Russia in Europe 사이에서의 Non-Stop 여정으로 유럽의 다른 도시를 경유하지 않는 여정	SEL/MOW SEL/MOW/LED
FE (Far East)	Russia in Europe/Ukraine과 한국/일본을 제외한 AREA 3 간의 Non-Stop 여정	SEL/HKG/MOW SEL/SIN/MOW/IEV SEL/PEK/MOW MOW/HKG
PN (Pacific Via North America)	South West Pacific(호주, 뉴질랜드 및 인근 섬 국가들)과 남미(South America) 간의 여정으로 북미(North America)를 경유하는 여정	SYD/LAX/RIO AKL/LAX/RIO

정확한 운임을 적용하기 위해서는 승객의 여정방향에 대한 바른 판단과 함께 방향성을 설정하여 여정을 짜고, 운임을 산출하여야 한다.

2) 방향지표 적용의 우선순위

항공여정의 특성상 하나의 여정에 여러 개의 여정지표(GI)가 복합되어 있는 경우 다음 원칙에 따라 우선 순위의 GI를 결정한다.

① 대양(Atlantic / Pacific) 횡단을 우선 기준으로 적용한다.

예1) SEL - SYD - LAX
(EH) (PA) ⇒ PA
예2) MIA - MOW - SEL
(AT) (RU) ⇒ AT

② 대양(Ocean) 횡단이 없는 동반구 내의 여정인 경우에는 TS, FE, RU에 해당하는지를 먼저 확인하고 이에 해당되지 않을 경우에 'EH'로 적용한다.

☞ AP〉 TS 〉 FE / RU 〉 EH
예1) MOW - SEL - TYO : RU-RU, EH에 해당되지만 'RU' 우선 적용
(RU) (EH) ⇒ RU
예2) MOW - BJS - SEL: FE-FE, EH에 해당되나 'FE' 우선 적용
(FE) (EH) ⇒ FE

③ 방향지표는 운임마디 지점에 따라 운임마디별로 적용하여 사용한다.

※ 다음과 같은 Mileage 조회 지시어(Entry)를 통하여 GI를 확인할 수 있다.

B

FQMSELNYCLON

Entry 화면 1

```
> FQMSELNYCLON

FQM    SEL    NYC    LON


CTY    DC    TPM    CUM    MPM   DC  LVL   <HGL   >LWL    25M   XTRA
SEL  3
NYC  1  PA   6879   6879   8254   PA   0M   1375      0  10317      0
LON  2  AT   3463  10342  11764   AP   0M   1422      0  14705      0
>                                                         PAGE   1/  1
```

연습문제

1. 아래 국가들이 속하는 지역을 보기에서 고르시오.

보기

① 북미(North America)
② 중미(Central America)
③ 남미(South America)
④ 카리브해 인근국가(Caribbean Area)
⑤ 동남아시아(South East Asia)
⑥ 남아시아 대륙(South Asian Sub continental)
⑦ 남서태평양(South West Pacific)
⑧ 유럽(Europe)
⑨ 아프리카(Africa)
⑩ 중동(Middle East)

1	German		11	Thailand	
2	Mexico		12	France	
3	Egypt		13	Sudan	
4	Tunisia		14	Romania	
5	Nepal		15	Puerto Rico	
6	Iran		16	Vietnam	
7	Argentina		17	Iceland	
8	Guam		18	Pakistan	
9	Hawaii		19	Somalia	
10	Australia		20	Alaska	

정답: 1.⑧ 2.① 3.⑩ 4.⑧ 5.⑥ 6.⑩ 7.③ 8.⑤ 9.① 10.⑦
11.⑤ 12.⑧ 13.⑩ 14.⑧ 15.④ 16.⑤ 17.⑧ 18.⑥ 19.⑩ 20.①

2. 아래 도시들의 Area와 Sub-Area를 구분하여 적으시오.

번호	도시명	Area	Sub-Area
1	Buenos Aires		
2	Manila		
3	Ho Chi Minh		
4	Penang		
5	Nairobi		
6	Capetown		
7	Denver		
8	Zurich		
9	Johannesburg		
10	Amsterdam		
11	Tehran		
12	Madrid		
13	Calgary		
14	Sapporo		
15	Beijing		
16	Frankfurt		
17	Perth		
18	Karachi		
19	Mumbai		
20	Auckland		

정답: 1(1.남미) 2.(3.동남아) 3.(3.동남아) 4.(3.동남아) 5.(2.아프리카). 6.(2.아프리카). 7(1.북미). 8.(2.유럽). 9.(2.아프리카). 10.(2.유럽). 11.(2.중동). 12(2.유럽). 13(1.북미). 14.(3.한국/일본). 15.(3.동남아시아). 16(2.유럽). 17.(3.남서태평양). 18.(3.남아시아대륙). 19.(3.남아시아대륙). 20(3.남서태평양)

3. 터키 이스탄불(ISTANBUL)은 항공지리상 2지역, SUB-AREA – 유럽(EUROPE)으로 분류된다.

1) O　　2) X

4. 다음 도시 중 항공지리상 SUB-AREA가 동남아시아에 속하지 않는 도시를 고르시오.

1) ULN　　2) GUM

3) TYO　　4) BJS

5. 방향지표를 기입하시오.

번호	여정	방향지표(Global Indicator)
1	SEL/PAR/MIL	
2	SEL/HKG/LON	
3	SEL/SIN/AKL	
4	SEL/NYC/CHI	
5	SEL/LAX/SAO	
6	SEL/SEA/FRA	
7	SEL/SIN/CAI	
8	SEL/LON/MIA	
9	SEL/BKK/CCU	
10	SEL/TYO/AMS	
11	SEL/MAD/ROM	
12	SEL/MOW/ZRH	
13	SEL/SGN/MOW	
14	DFW/SEL/BKK	
15	SEL/OSA/GUM	
16	SEL/HKG/SGN	
17	SEL/JED/GVA	
18	NAN/AKL/SEL	
19	SEL/TYO/MOW	
20	TYO/SEL/PAR	

정답: 1.TS 2.EH 3.EH 4.PA 5.PA 6.AP 7.EH 8.AT 9.EH 10.TS 11.TS 12.TS 13.FE 14.PA 15.EH 16.EH 17.EH 18.EH 19.RU 20.TS 3. 1(O), 4. (3. TYO)

6. 다음은 여정의 방향성과 방향지표에 대한 설명이다. 그 내용이 적절하지 못한 것은 어느 것인가?

1) 여정의 방향성이란 특정한 여정을 이용하여 여행하는 경우 일정한 방향으로 움직이게 되는 통일성을 의미한다.
2) 방향지표의 특성상 하나의 여정에 두 개 이상의 방향지표가 존재할 수도 있다.
3) 복수의 방향지표가 존재하는 경우 대양을 횡단하는 방향지표를 우선하여 적용한다.
4) 방향지표에 따라 설정되어 있는 항공운임이 다를 수도 있다.

7. 다음 도시 중 항공지리상 Area 2에 속하지 않는 도시를 고르시오.

1) DXB
2) DEL
3) MAD
4) CAS

8. 다음 여정에 해당하는 방향지표를 고르시오.

SEL-MOW-CAI

1) PA
2) AT
3) TS
3) EH

9. 다음 도시 중 항공지리상 유럽에 속하지 않는 도시를 고르시오.

① 프랑스 파리(PAR)
② 모로코 카사블랑카(CAS)
③ 이집트 카이로(CAI)
④ 터키 이스탄불(IST)

10. 다음 여정의 방향지표를 기재하시오.

SEL-TYO-LAX-PAR

CHAPTER 3

여정의 종류와 운임의 적용방향

1 항공운임의 적용 방향

항공운임은 출발지 국가의 화폐단위를 기준으로 운임을 공시하고 있으며 거리에 따라 운임값이 설정되어 있어도 최초 출발지와, 여정의 형태, 여행의 방향(GI)에 따라 운임이 다르게 나타난다. 항공운임은 최초 출발지 국가의 통화로 공시되어 동일 도시 간 여행일 경우라도 출발지와 목적지의 여정방향에 따라 운임이 적용된다.

예를 들어서 서울/도쿄/서울 여정에서 서울/도쿄 구간의 편도 항공운임이 KRW 368500이고, 방향 순서대로 도쿄/서울 운임은 JPY 63,600 정도로 2배 이상의 요금차이가 나게 된다.

서울 → 도쿄　KRW 368,500　(일반석 편도운임)
도쿄 → 서울　JPY 63,600=KRW 682,900 (일반석 편도운임)

이때 순서대로 서울/도쿄 운임과 도쿄/서울 운임을 합하여 왕복운임이 산정되는 것은 아니다.

최초 출발지 기준으로 왕복운임을 산정하게 되므로 서울 출발 왕복 도쿄운임을 적용하게 되는 것이다. 일반적으로 여러 개의 운임마디로 구성된 여정의 경우 각 운임마디에 대해 여행의 진행방향대로 운임을 적용함이 옳으나 여행 진행의 반대방향으로 운임을 적용하게 되기도 한다.

따라서 운임계산 시 여정의 방향(GI)에 따른 운임의 적용이 매우 중요한 요소로 작용하며 다음과 같은 원칙을 운임의 적용 방향으로 설정하여 사용한다.

(1) 여행 진행방향으로 운임을 적용한다.

(2) 출발지 국가로 되돌아오는 여정에 대해서는 여정진행의 역방향으로 적용한다. 즉 여정 진행방향과 반대방향으로 운임을 적용한다.

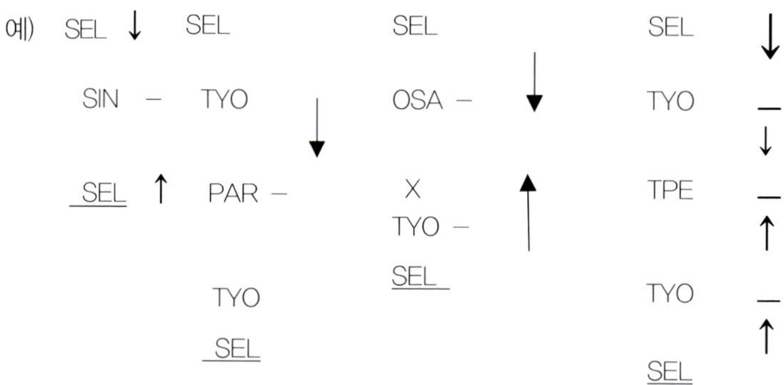

☞ 운임마디(Fare Component)와 운임분리지점(Fare Break Point)

① Fare Component: 운임마디, 운임계산 시 하나의 운임을 적용하는 단위

② Fare Break Point(=Fare Construction Point): 운임분리(결합)지점, 운임결합지점

〈예외 1〉

- USA/CANADA와 Scandinavia 국가들은 동일국가로 간주한 Domestic Travel로, 운임마디가 USA/CANADA 여정이거나 Scandinavia 국가로만 이루어진 경우에는 여정의 진행방향대로 운임을 적용한다.

예)		
SEA	OSL	SEA
YVR -	CPH -	YVR -
YYC -	STO -	LAX
X/DEN -	OSL	
SEA		

☞ 위의 경우 USA와 Canada, Scandinavia 3국(Denmar, Norway, Sweden)은 같은 국가로 간주하여 운임을 계산하므로 주의하여야 한다.

2 여정의 종류

항공운임 계산 규정은 여정의 형태별로 차이가 있다. 전체적인 방향을 결정하는 가장 기본적인 요소로서, 승객이 사용하고자 하는 여정에 따라 아래와 같이 구분하여 사용한다.

구 분		
One Way Trip	OW	편도여정
Round Trip	RT	왕복여정
Circle Trip	CT	일주여정
Round The World Trip	RTW	세계일주여정
Normal Open Jaw Trip	NOJT	가위 벌린 여정

1) 편도여정(One Way Trip(OW))

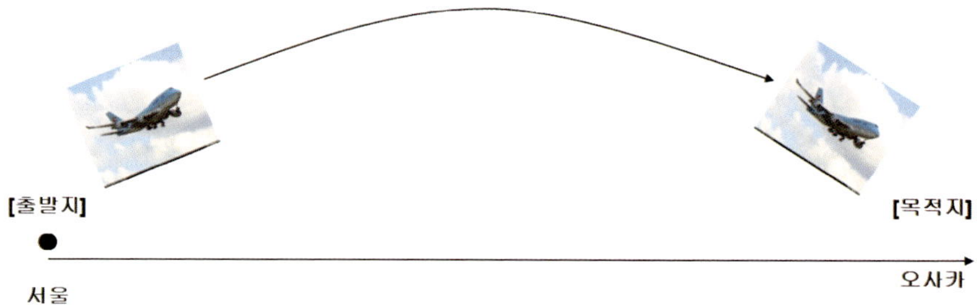

왕복여정과 일주여정을 제외한 모든 여정이 해당되며, 유형을 살펴보면 다음과 같다.

① 출발지(Origin)와 도착지(Destination)가 서로 다른 국가의 여정

② 출/도착지는 동일 국가이나 전체적으로 국제선 운임마디가 세 개 이상인 여정으로 비항공 운송구간(surface)이 존재하는 여정이 해당된다.

☞ 편도여정 유형의 예

SEL	SEL	SEL	PUS
	SIN–	BJS–	TYO–
TYO	X	X	SIN–
			SEL
LAX–	SYD–	CAN–	
	SEL	BKK–	
		SEL	

2) 왕복여정(Round Trip(RT))

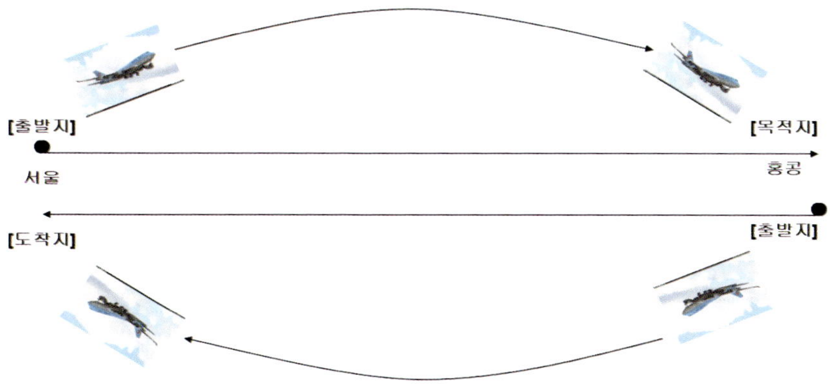

왕복여정은 전 여정을 계속 항공편을 이용하여 최초 출발도시로 다시 되돌아오는 여정 중 Outbound 여정의 운임과 Inbound 여정의 운임이 동일하게 적용되는 여정을 말한다.

(1) 특징

① 출발지와 도착지가 동일하다(도시가 동일해야 함).

② 여정 중에 비항공 운송(Surface)구간이 없다.

③ 두 개의 국제선 운임마디로 구성되어 있으면서 서로 동일한 운임값을 갖는다.

(2) 왕복여정 유형의 예

SEL		SEL		SEL	
BJS –	354.62	HKG	M	SYD	
SEL	354.62	SIN –	618.25	BNE	M
		BKK	M	CBR –	1531.17
		SEL	618.25	SYD	M
				SEL	1531.17

3) 일주여정(Circle Trip(CT))

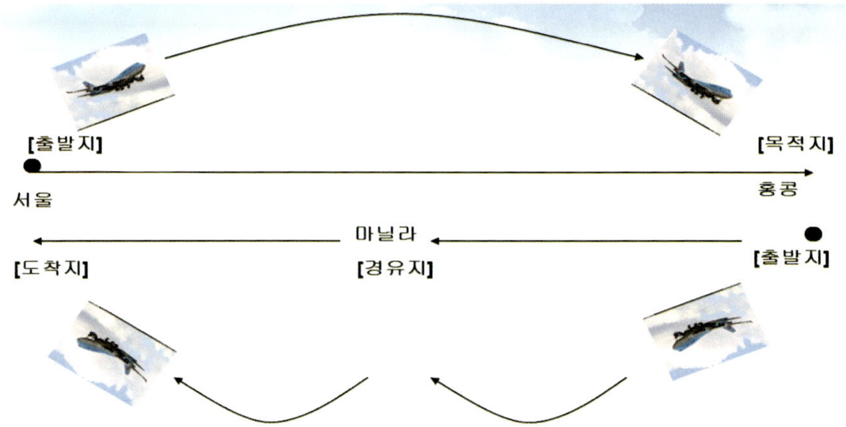

전 여정을 계속 항공편을 이용하여 최초 출발도시로 다시 되돌아오는 여정 중 왕복여정의 개념으로 간주되지 않는 여정이 해당된다.

(1) 특징

① 출발지와 도착지가 동일하다.

② 여정 중에 비항공 운송구간이 없다.

③ 운임마디가 두 개 또는 그 이상으로 구성되어 있으며, Outbound 여정의 운임과 Inbound 여정의 운임이 다른 여정이다.

(2) 일주여정의 예

SEL
HKG 5M
MNL - 486.47
SEL 464.31

SEL
HKG - 463.31
TPE M
OSA - 826.20
SEL 271.87

4) 세계일주여정(Round the World Trip(RTW))

일주여정의 형태로 일정한 한 방향(동쪽이나 서쪽)으로 계속적으로 항공여행을 하면서 대서양과 태평양을 모두 횡단하여 최초 출발 지점으로 다시 되돌아오는 여정이 해당된다.

(1) 특징

① 여정의 형태상 일주여정과 동일하다

② 연속적으로 동반구나 서반구의 한 방향으로 이어지고 대서양과 태평양을 동시에 횡단하는 여정을 말한다.

(2) 세계일주여정 예

SEL			SEL	
HKG	GI : EH		LON -	GI : TS
X/BJS			LAX	
LON -			SEL	GI : AP
NYC				
LAX	GI : AP			
SEL				

5) 가위 벌린 여정(Open Jaw Trip(OJT))

가위 벌린 여정은 여정의 연속성이 중단된 형태로써, 여정중단 발생 지점에 따라 3가지 Open Jaw로 나눌 수 있다. 가위 벌린 여정은 동일국가로 돌아오기 때문에 기본적으로 왕복여정의 성격을 가지고 있으나 원칙적으로 편도여정에 속하는 여정형태이다.

(1) 특징

① 출발지의 비항공 운송구간이 발생하거나 되돌아오는 지점(Turn around Point)에서는 국내 혹은 국제선 비항공 운송구간이 발생하는 여정

② 두 개의 국제선 운임마디를 가지고 있으며, 비항공 운송구간은 최대 두 개까지 허용된다.

(2) 유형의 분류

① Original Single Open Jaw(OSOJT)

Outbound 여정의 출발지와 Inbound 도착지가 다른 여정 : SEL-OSA-PUS

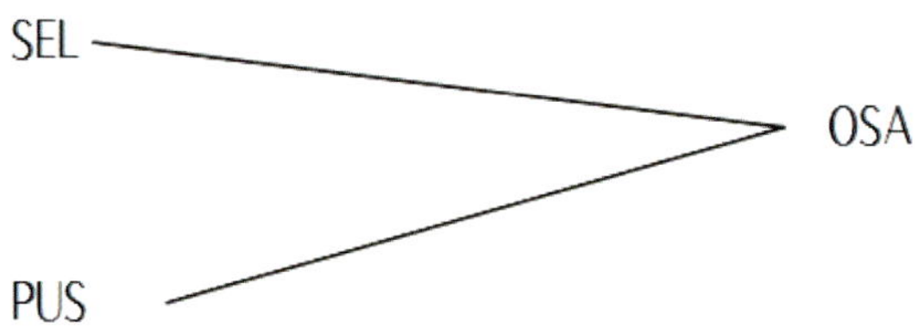

② Turnaround Single Open Jaw(TSOJT)

되돌아오는 지점에서 비항공 운송구간이 발생하는 여정

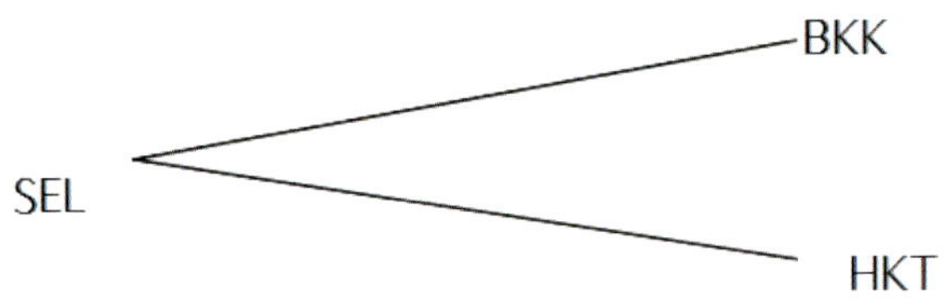

예) SEL-BKK X HKT-SEL

③ Double Open Jaw Trip(DOJT)

출발지와 도착지가 동일국가 내에서 다르고 되돌아오는 지점에서 비항공 운송구간이 발생하는 여정

예) SEL-OSA X TYO-PUS

3 항공운임의 적용

정상운임의 경우 운임마디에 OW와 1/2RT 운임 적용여부는 전체 여정의 형태에 따라 결정된다. 특별운임이나 항공사의 별도 운임규정은 각 규정에 따라 다르게 적용되기도 한다.

1) 1/2RT 운임적용 여정

① 왕복여정(Round Trip(RT))

② 일주여정(Circle Trip(CT))

③ 가위 벌린 여정(Normal Open Jaw Trip(NOJT))에 적용한다.
각각의 운임마디에 동일한 운임인 경우에 적용한다.

예)

SEL ↓ 1/2RT
TYO –
SEL ↑ 1/2RT

SEL ↓ 1/2RT
HKG –
SEL ↑ 1/2RT

SEL ↓ 1/2RT
OSA –
↓ 1/2RT
HKG
–
SEL ↑ 1/2RT

TYO ↓ 1/2RT
SEL –
TYO ↑ 1/2RT

SEL ↓ 1/2RT
HKG – 1/2RT
↓
SIN –
1/2RT
TYO –
↑ 1/2RT
SEL ↑

SEL ↓ 1/2RT
TYO –
X
OSA – 1/2RT
↑
PUS

국제선 운임마디가 2개이고, 비항공 운송구간이 있는 OJT 여정과 Turn around Open Jaw Trip의 경우도 이에 속한다.

(2) OW 운임적용 여정

① 1/2RT 운임을 적용하지 않는 기타 모든 여정

② 비항공 운송구간이 존재하며 국제선 운임마디가 3개 이상인 여정

예)

SEL ↓ OW
TYO –
BKK ↓ OW

TYO ↓ OW
PAR –
LON ↓ OW

SEL ↓ OW
HKG –
IST ↓ OW
–
FRA ↓ OW

4 Stopover와 Transfer의 이해

1) Transfer란

승객이 여행 중 거쳐 가는 모든 도시를 의미하며, 비행편을 환승하는 것을 뜻한다. 출발지, 목적지, 운임마디 지점 및 비항공 운송구간의 경우는 Transfer 수에서 제외된다. 또한, 같은 편명의 비행기편명으로 거쳐 가는 것은 Transit으로 운임 산정 시 영향을 미치지 않는다.

2) Transfer의 계산 방법

SEL
X/ HKG → HKG, PAR, LON 3번의
PAR Transfer
LON 출발지인 SEL과
FRA– 목적지인 FRA는 제외

SEL
LON → LON에서 1번의
FRA Transfer로 간주함
X –
PAR
SEL

3) Stop over

Stopover란 여행경유지에 도착 후 24시간 이상 체류하는 것을 의미한다.

출발지, 목적지, 운임마다 지점과 비항공 운송구간과 머무르지 않는 도시의 경우는 Stopover로 간주되지 않는다.

Stopover하지 않는 도시, 즉 24시간 이상 체류하지 않는 도시의 표시는 해당 도시 앞에 x/mark로 표시한다.

4) Stopover의 계산 방법

SEL
ZRH →
X/ AMS AMS에서
FRA– 1번의 Stopover로 간주함
SEL

SEL
PAR →
LON PAR에서
X 1번의 Stopover로 간주함
FRA–
SEL

Transfer와 Stopover 구별하기

	SEL		
	FRA	→	Transfer point: FRA, ZRH, PAR (3곳)
X/	ZRH		Stopover Point: ZRH, PAR(2곳)
	PAR		
	LON–		

연습문제

1. 다음 보기에서 설명하고 있는 여정의 종류는 무엇인가?

> 보기
>
> 출발지와 도착지가 동일하다.
> 여정 중에 비항공 운송구간이 없다.
> Out-Bound 운임과 In-Bound 운임이 서로 다르다.

1) 일주여정(Circle Trip)
2) 왕복여정(Round Trip)
3) 편도여정(Oneway Trip)
4) 가위 벌린 여정(Open Jaw Trip)

2. 다음 중 세계일주여정에 대해 해당하는 것을 고르시오.

1) Outbound 구간과 Inbound 구간의 요금이 다른 값을 갖는다.
2) 방향 상관없이 항공여행을 하면서 대서양, 태평양 중 한 곳을 횡단한다.
3) 출발지와 도착지가 동일하지 않아도 되며, 여정의 연속성이 중단된 형태다.
4) 형태상으로 가위 벌린 여정과 동일하다.

3. 세계일주여성에 대한 설명 중 맞지 않는 것을 고르시오.

1) 일정한 한 방향으로 여정이 진행되어야 한다.
2) SEL/PAR/LAX/NYC/LON/SEL
3) 대서양과 태평양 모두 횡단해야 한다.
4) 최초 출발도시로 다시 되돌아와야 한다.

4. 다음 여정의 종류 중 성격이 다른 하나는 어느 것인가?

1) SEL BKK PUS
2) TYO SEL TYO
3) PUS BJS SEL
4) OSA PUS TYO

5. 다음 여정의 운임 적용 방향과 적용 운임의 종류로 맞는 것을 고르시오.

SEL
FRA
PAR –
X
NCE –
LON
SEL

1) SEL-PAR : 아래로 내려 본다. 1/2RT 운임 적용
   SEL-NCE : 위로 올려 본다. 1/2RT 운임 적용
2) SEL-PAR : 아래로 내려 본다. 1/2RT 운임 적용
   SEL-NCE : 아래로 내려 본다. 1/2RT 운임 적용
3) SEL-PAR : 아래로 내려 본다. OW 운임 적용
   SEL-NCE : 위로 올려 본다. OW 운임 적용
4) SEL-PAR : 아래로 내려 본다. OW 운임 적용
   SEL-NCE : 아래로 내려 본다. OW 운임 적용

6. 다음 여정의 종류를 쓰시오.

1)

SEL
TYO –263.04
TPE –228.02
SEL 278.00

2)

SEL
BKK M
SIN– 644.90
SEL 644.90

7. 다음 중 여정의 종류가 다른 하나를 고르시오.

1)

TYO	
HKG	
TYO	1683.08
———	———
HKG	
TYO	1683.08
NUC	3370.41

2)

SEL	1683.04
PAR	M
LON	1683.04
SEL	———
NUC	3366.08

3)

SEL	
OSA	M
TYO	307.89
OSA	M
SEL	307.89
NUC	615.78

4)

	SEL	
	PAR	1638.04
X/	BKK	M
	SEL	1604.34
	NUC	3241.38

8. 다음 여정에서 TRANSFER와 STOPOVER 횟수를 적으시오.

SEL

PAR　　　　TRANSFER: 　회

NCE

LON –

ZRH　　　　STOPOVER: 　회

SEL

9. 여정의 운임적용 방향 및 적용운임(OW 운임, 1/2RT 운임)을 표기하시오.

1) SEL FRA IST – ZRH SEL	2) SEL MNL SIN – OSA	3) OSA LON ZRH – X PRG– AMS TYO	4) TYO SIN – SPK – PUS
5) SEL BKK SIN – OSA PUS	6) OSA SEL – X PUS – TYO	7) OSA SIN PAR – X FRA – LON SEL	8) SEL SIN – SEA NYC – SEL ——
9) PUS TYO – SEL – FUK SIN	10) OSA SEL – X PUS– HKG BKK	11) SEL SIN – DEL – X MAA – BKK SEL	12) SEL PEK – X SHA – PUS

정답: 1.(내리고올리고1/2) 2.(내리고내리고OW) 3.(내리고올리고OW)
4.(내리고올리고내리고1/2,1/2,OW) 5.(내리고올리고1/2) 6.(내리고올리고1/2)
7.(내리고내리고OW) 8.(내리고내리고올리고1/2) 9.(내리고올리고내리고1/2,1/2,OW)
10.(내리고내리고OW) 11.(내리고내리고올리고OW) 12.(내리고올리고1/2)

CHAPTER 4

항공운임의 결정과 통화규정

1 항공운임의 설정

국제선 항공운임은 각국 항공사가 제안하고 IATA 운임 조정회의를 거쳐 결정되면 각국 정부가 승인함으로써 운임을 사용할 수 있게 된다. 조정회의의 결의에 따라 특정 국가의 정부가 해당 운임의 승인을 거부하게 되면 IATA 운임으로서 효력을 발휘할 수 없을 뿐만 아니라 운임을 사용할 수 없다. 이와 같이 IATA 운임 조정회의는 각 지역 혹은 전 세계적으로 사용되는 항공운임의 신설, 폐기, 인상, 인하 모두를 결정하며, 다음과 같은 요소들을 고려하여 운임을 제정한다.

1) 운항거리

항공운임 설정에 있어서 이동거리는 가장 기본적인 요소이다. 항공의 출발과 도착 두 도시 간의 운항거리를 기초로 하여 출발지로부터 먼 곳의 운임이 가까운 곳의 운임보다 높게 책정되며, 운항거리와 항공운임의 설정은 비례하여 책정된다. 그러나 항공운임은 기본적으로 운항거리에 따른 비용을 감안하여 운항거리가 길수록 운임의 증가율이 낮아지는 제도에 기초해 결정된다.[6] 또한, 동일 Area 내의 주요 도시들의 운임을 균일화시키는 균일제의 원리가 보완적으로 사용되기도 한다.

2) 출발지 국가의 사회, 경제적 수준

항공운임은 주로 출발지 국가의 화폐단위로 결정되기 때문에 출발지 국가의 통화 가치 및 경제, 사회적 수준을 고려하고 기타 교통수단의 운임 등을 고려하여 결정된다.

3) 해당 노선의 탑승 실적 및 수요

운항도시의 해당 노선의 탑승실적 및 항공편 수, 지역의 이동인구, 지역 및 노선, 계절적 수요 등을 감안하여 설정할 수 있다. 기존의 운항도시라면 과거의 운송실적, 운항 편수 등이 운임결정의 요소가 될 수 있으며, 신규 노선에 대한 운임을 설정하는 경우라면 향후 그 지역 및 노선, 계절에 따른 수요, 인구증가 등 장기적인 전망을 고려하여 수요 예측하며 운임을 결정하게 된다.

4) 관련국 및 관련 항공사의 정책

운항 상대국의 항공정책, 경쟁항공사의 판매정책, 운항 국가의 대내외적 교통정책 등은 운임결정에 영향을 끼치는 주요요소 중의 하나이다.

5) 계절적 수요

계절 변동에 따른 수요의 탄력성을 감안하여 성수기, 비수기 운임을 별도로 공시하여 운임을 설정한다.

6) TOPAS여행정보(2013), TOPAS 발권실무, p.17.

6) 운송소요 비용

해당 노선을 운항하는 데 소요되는 유류비용, 해당 도시 및 공항에서 추징하는 세금이나 추가비용 등은 두 도시 간의 항공운송에 소요되는 비용 등으로 설정된다.

2 통화규정

모든 항공운임은 출발지국 통화를 기준으로 하여 공시되어 적용된다.

승객의 여정이 단순 편도 또는 단순 왕복이라면 공시된 출발지국 통화 운임으로 직접 징수 가능하나 출발지와 최종 목적지까지의 여정 중 중간 지점들을 경유하며 여행하는 경우라면 운임산출을 하기 위한 공통적인 단위가 필요하게 된다.

이와 같이 환산작업을 위한 통화규정(Currency Regulation)이 설정되어 있으며, AIR Tariff의 Fare Book에 공시되어 있다. 운임에 있어서 통화규정은 몇 번의 정책적인 변화를 가졌는데, 최초에는 모든 항공구간의 운임을 USD/BGP로 공시하고 해당 국가의 BSR(Banker's Selling Rate)을 적용하여 지불국가의 통화로 환산하여 사용하는 방법을 취하기도 하였다.

그러나 시대별로 유류파동 및 각국 통화가치의 불안전 등은 새로운 항공운임의 통화규정을 필요로 하였다. 1989년 7월 이후부터 현재까지 사용되고 있는 중립 화폐단위인 NUC(Neutral Unit of Construction) 및 출발지국 통화로 공시하는 제도가 도입되었다.

항공운임 표기를 위한 가상의 중립적 화폐단위로써, 출발지국 통화운임을 NUC로 환산하거나 NUC를 출발지국 통화로 환산하여 사용하도록 되어 있다. 따라서 모든 구간의 운임은 출발지국 화폐단위로 표시됨과 동시에 항공운임의 결합 및 설정 여부를 표기할 때 공통적으로 중립화폐단위인 NUC를 사용하고 있다.

1) NUC(Neutral Unit Of Construction) 제도

출발지와 목적지 간의 여정에 있어서 운임산출의 기본 단위이다. 출발지국 통화운임과 NUC표시 운임은 다음과 같은 공식에 의해 사용된다.

(1) 환산공식

출발지국 통화운임(Local Currency Fare) = NUC × ROE
NUC = 출발지국 통화운임 ÷ ROE(Rate of Exchange)

- NUC단위로 운임을 표시한 경우에는 소수점 둘째 자리까지 표시한다.
  예) NUC 123.5678이라고 나온 경우 ⇒ NUC 123.56이라고 기재

(2) 출발지국 통화로 운임을 표시해야 하는 경우

각국의 통화마다 정해진 끝 단위 처리 방법에 의하여 표시한다.

(3) 적용 기준: 출발일을 기준으로 적용한다.

2) ROE(Rate Of Exchange)

출발지국 화폐단위로 공시한 운임(LCF ; Local Currency Fare)을 NUC로 환산하거나 NUC를 LCF로 환산할 때 적용되는 환율이다.

(1) IATA Clearing House에서 1년에 4번(JAN/APR/JUL/OCT) 별도로 공시되며 매 3개월간 동결 적용함을 원칙으로 하여 동일한 Rate를 사용한다. (단, 특정 통화의 통화가치가 USD 대비 10% 이상 변경되는 경우에는 IATA에서 ROE 변경고지를 함)

(2) **적용기준:** 항공권 발권 일에 유효한 ROE를 적용하게 되며 재발행 시에는 최초 발행 항공권의 ROE를 그대로 사용하게 된다.

(3) ROE는 소수점 이하 여섯째 자리까지 표기한다.

(4) IATA ROE 조회(HE FQA)

FQA KRW

Entry 화면 1

```
>FQAKRW


FQAKRW
                EFF 01AUG14 ***   DISC INDEF
1 NUC      1019.400 KRW          ROUNDING UP TO        100.00   KRW

NUC - NEUTRAL UNIT OF CONSTRUCTION
KRW - S.KOREAN WON
```

통화코드, 국가코드, 도시코드를 이용하여 ROE(Rate Of Exchange)를 확인하는 기능이다. 아래와 같이 과거 12개월 전까지의 ROE를 조회할 수도 있다.

Entry 화면 1

```
> FQA*LON/24DEC13


FQA*LON/24DEC13
                EFF 01DEC13 ***   DISC INDEF
1 NUC      0.639264 GBP   ROUNDING TO THE NEAREST      1.00   GBP

NUC - NEUTRAL UNIT OF CONSTRUCTION
GBP - POUND STERLING
```

3) Currency 변환(HE FQC)

유효한 ROE(Rate Of Exchange) 및 BSR을 이용한 Currency 변환 기능으로 날짜를 지정하는 경우 과거 12개월 전까지의 환율을 적용한 Currency 변환이 가능하다.

(1) 통화 변환 기본 지시어

〈해당 Currency(KRW)의 ROE 조회 지시어〉

FQC254.67NUC/KRW

Entry 화면 1

```
> FQC254.67NUC/KRW

FQC254.67NUC/KRW
CONVERSION OF NUC TO KRW
KRW 259700 - ROUNDED AS FARES
KRW 259610 - AMOUNT TRUNCATED
ROE USED 1 NUC = 1019.400 KRW EFF 01AUG14

ROUNDING OF FARES UP TO 100 KRW

NUC - NEUTRAL UNIT OF CONSTRUCTION
KRW - S.KOREAN WON
>
```

(2) 출발지국 통화표기 시 끝 단위 처리 예제

예1) NUC 381.26(SEL/BJS)를 KOREA의 통화로 환산(KRW)

KRW의 ROE ; 1252.670000

KRW의 ROUNDING UP TO 100.00

381.26 × 1252.670000 = 477592.9642

⇒ KRW 477600 ⇒ NUC를 LCF로 바꾼 경우

(3) 적용 환율 및 정산소

① BSR(Bank Selling Rate)

외국통화를 은행이 팔 때 적용하는 환율로서, 타국 출발운임을 KRW로 환산하는 경우에 사용한다.

② BBR(Bank Buying Rate)

외국통화를 은행이 살 때 적용하는 환율로서, USD로 운임을 지불하는 경우 KRW를 USD로 환산할 때 사용한다.

③ ICH(IATA Clearing House)

IATA 가맹 및 비가맹 항공회사 사이에서 연대운송을 행했을 경우 그 정산업무를 일괄해서 취급하고 상쇄 정산하는 곳으로 매월 말 1회 송금한다.

즉 IATA 회원 항공사 상호간의 Interline Accounts를 정산하는 기구로서 본부를 Geneva에 두고 있으며, 정산소는 London과 New York에 있다.

※ BSR/BBR은 매주 월요일의 은행 환율을 화요일부터 다음주 월요일까지 적용하며 실제 은행매도율과는 다소 차이가 있다.
※ 국내에서는 USD & KRW만을 항공운임으로 영수할 수 있으므로 기타 통화로 운임을 받는 경우에는 은행이 KRW로 환전하는 실제 환율을 적용한다.
※ 모든 환율은 항공권 발권일을 기준으로 적용한다.
※ 주요 국가의 통화 CODE 및 Rounding Unit

☞ KRW는 100단위를 기준으로 올림 처리함.

국가	통화 CODE	통화명	R/U	비고
Korea	KRW	Won	100	
Australia	AUD	Dollar	1	
Austria	EUR	EURO	1	
Bahrain	BHD	Dinar	1	
Belgium	EUR	EURO	1	
Canada	CAD	Dollar	1	반올림 처리
China	CNY	Yuan Renminbi	10	
Denmark	DKK	Krona	5	
Finland	EUR	EURO	1	
France	EUR	EURO	1	
Germany	EUR	EURO	1	
Greece	EUR	EURO	1	
Hong Kong	HKD	Dollar	10	
India	INR	Rupee	1	
Italy	EUR	EURO	1	
Japan	JPY	Yen	100	
Malaysia	MYR	Ringgit	1	
Netherlands	EUR	EURO	1	
New Zealand	NZD	Dollar	1	
Norway	NOK	Korna	5	
Portugal	EUR	EURO	1	
Saudi Arabia	SAR	Riyal	1	
Singapore	SGD	Dollar	1	
Spain	EUR	EURO	1	
Sweden	SEK	Krona	5	
Switzerland	CHF	Franc	1	
Taiwan	TWD	Dollar	1	
Thailand	THB	Bath	5	
United Kingdom	GBP	Pound	1	반올림 처리
U.S.A	USD	Dollar	1	반올림 처리
대부분 유럽국가	EUR	EURO	1	

(4) 통화단위의 환산

FQC100GBP/KRW

FQC: 기본 지시어

100GBP를 KRW로 변환

Entry 화면 1

```
> FQC100GBP/KRW



FQC100GBP/KRW
BSR CONVERSION OF GBP TO KRW
KRW 175500 – ROUNDED AS FARES
KRW 175500 – ROUNDED AS OTHER CHARGES
KRW 175467 – AMOUNT TRUNCATED
BSR USED 1 GBP = 1754.67 KRW EFF 05JAN20

ROUNDING OF FARES UP TO 100 KRW
ROUNDING OF OTHER CHARGES UP TO 100 KRW

GBP – POUND STERLING
KRW – S.KOREAN WON
>                                        PAGE  1/ 1
>
```

☞ 100GBP를 KRW원으로 환산하였을 때 175,500으로 변화된 내용을 확인할 수 있다. 이때 환산 매도율(BSR)은 1GBP당 1754.67원임을 알 수 있다.

3 항공운임의 종류

국제선 항공운임은 여행기간, 여행조건 등에 따라 정상운임(Normal Fare)과 특별운임(Special Fare)으로 구분되며 항공사의 판매정책에 의해 적용되는 판촉운임(Promotional Fare)이 있다. 승객의 나이나 신분으로 할인이 제공되는 운임은 할인운임(Discounted Fare)으로 구분된다.

일반적으로 승객이 여행 중에 적용 받게 되는 제한사항의 종류 및 범위에 따라 정상운임과 특별운임으로 나눌 수 있다. 대체적으로 정상운임의 경우 여행조건에 제한사항이 없으며 특별운임의 경우 정상운임과 비교하여 체류기간, 여행 형태, 사용시기 등의 여러 가지 제약을 받는 경우가 많다.

1) 정상운임(Normal Fare)

항공사가 항공운임을 설정할 때 최초로 만드는 정상운임 형태로 공시운임에 속한다. 편도운임 또는 왕복운임으로 공시되어 있으며, 여행일자 예약변경, 여정변경, 항공사 변경, 체류 횟수, 발권 시점, 환불 등의 제반 사항에 제한조건이 없다.

그러나 운임의 종류에 따라 YO2, Y2와 같은 Secondary Fare(2차 요금)인 경우는 도중체류(Stopover)의 경우에 대해서는 제약을 갖는 경우도 있다. 정상운임을 사용하는 항공권의 유효기간은 발권 후 1년 이내에 첫 Flight Coupon을 사용해야 하며 잔여 Flight Coupon은 여행 개시 후 1년 이내에 모두 사용해야 한다.

정상운임에 사용되는 대표적인 운임코드(Fare Basis)에는 P, F, J, C, Y 등이 사용된다.

2) 특별운임(Special Fare)/판촉운임(Promotional Fare)

특별운임은 승객의 다양한 여행 형태에 따른 차별화된 판매정책을 사용하면서 생겨난 운임이다. 정상운임이 아닌 운임은 모두 특별운임으로 구분되며, 승객의 여행기간의 종류에 따라 15일 1개월, 3개월, 6개월 등 다양한 운임이 적용된다. 여행 도중에 특정 도시의 체류 횟수, 여행 날짜 변경, 발권시점 등에 따른 규정이 제한적으로 적용된다. 규정과 조건에 따라 정상운임보다 저렴한 운임으로 구성되어 있다. 특별운임은 노선별, 항공사별로 다양한 종류의 운임을 사용하고 있으며 통상 아래와 같은 제한조건을 가진다.

- 최소 체류기간(Minimum Stay)
- 최대 체류기간(Maximum Stay)
- Stopover 및 Transfer 허용여부 및 가능 횟수
- 여정 변경 가능여부 및 환불 제한
- 사용시기(Seasonality)

판촉운임(Promotional Fare) 항공사에서 판매촉진의 수단으로 가격정책을 많이 적용하는 운임으로 특정 구간의 수요 경향이나 공급 좌석 수, 해당 정부와의 이해 등을 고려하여 타 항공사와의 경쟁력을 갖추기 위하여 탄력적으로 운영하는 운임이다. 승객의 여행 및 예약/발권 조건을 제한함으로써 그에 맞는 저렴한 운임을 제공하고 있으며 항공사마다의 규정을 준수하는 것을 원칙으로 한다.

특별/판촉운임에 사용되는 대표적인 운임코드(Fare Basis)에는 YLEE1M, YHAP6M, YPX15 등이 있다.

구분	Min/Max Stay	예약 제한사항	Stopover/ Transfer	사전구입 (AP)
EX	존재	첫 구간 확약 뒷 구간 open 가능	존재	없음
PEX	존재	모든 구간 예약 확약	존재	없음
APEX	존재	모든 구간 예약 확약	존재	있음
ZZ	존재	첫 구간확약 뒷 구간 open 가능	존재	Rule check
IT	존재	모든 구간 예약 확약	존재	Rule check
GV	존재	모든 구간 예약 확약	존재	Rule check

3) 할인운임(Discounted Fare)

승객의 나이나 신분에 따라 특정한 할인율을 제공하는 경우의 운임을 말한다. 이 경우 할인을 적용하는 데 기준이 되는 운임은 특별운임이 아닌 정상운임을 사용하는 경우도 있다. 그러나 해당 승객의 신분을 이용하여 할인이 제공되는 경우가 많으므로 그에 따른 별도의 제한사항을 갖기도 한다. 나이조건을 이용한 소아나 유아, 신분과 나이 제한을 동시에 가지는 학생, 여행 구성인원 조건에 따라 지급되는 단체 인솔자, 특별한 목적을 가진 이민자 등과 같은 경우가 이에 속한다.

대표적인 Fare Basis로는 Y/SD25, YOW/SC40, MLXEE1M/CH25, HLPX15/IN90, GHXGV10/CG00 등이 있다.

(1) 유아운임(Infant fare: IN)

출발일 기준 만 24개월 미만의 좌석 비점유 승객

(2) 소아운임(Child Discount: CH)

① 적용: 최초 여행일 기준 만 2세 이상 만 12세 미만으로 성인보호자

가 동반하는 승객

② 운임: 한국 출발 운임 수준은 적용 가능한 성인운임의 75% 적용한다.

③ 무료수하물 허용량: 성인과 동일

④ 성인과 동일하게 좌석 예약 가능하다

⑤ 항공권상에 생년월일을 기재한다.

⑥ 특별운임 중에는 Child/Infant 운임이 별도로 없는 경우도 있으며, 지역별, 항공사별로 소아운임이 상이하므로 Rule Check 필수

(3) 학생운임(Student Fare: SD)

① 적용: YOW/RT/CT 여정

출발일 기준 만 12세 이상 만 26세 미만으로 목적지국 정규학업기관에 6개월 이상 교육과정이 등록된 학생으로, 재학기간 중이거나 학업개시 전 6개월부터 학업종료 후 3개월까지 적용 가능. 정규학업기관은 School, College, University를 의미하며, 학생조건은 항공사의 별도 기준으로 약간씩 상이하다.

② 운임: 성인 정상운임의 75% 적용(Y-Class 운임에만 적용가능하며, C-Class 운임에는 학생요금 적용불가)

③ 구비서류: 목적지국 학생 증빙이 가능한 모든 서류: 학생 증빙으로 가능한 대체 서류(Visa):

- 일본, 독일, 영국, 호주: Student Visa
- 중국: ① X Visa ② JW202, 입학허가서 ③ F Visa, 입학허가서
- 미국: ① F1/F2 Visa ② M1 Visa ③ I-20 Form
  ④ J1/J2 Visa 경우 DS-2019 Form 첨부조건

단, DS-2019 Form 내 Exchange Of Category 내 Student 기재되어야 함

④ Stopover: 불가

⑤ BLXSTO 운임은 USA/CANADA 학생운임으로서 나이규정 제한이 없으며 1회의 Stopover를 무료 허용한다 – Rule Check 요망

⑥ CHD/INF: 적용 불가

(4) 단체 인솔자 운임(Tour Conductor Discount: CG)

① 적용: 10명 이상의 단체승객을 인솔하는 승객에게 적용되며, 단체 구성원 수에 의해 인솔자(Guide) 운임에 대한 할인율이 결정된다. 단체인원 산정 시 소아(Child) 2명은 성인(Adult) 1명으로 간주된다.

② 단체운임은 각 항공사에 따라 할인율 및 할인 수혜인원이 결정된다.

③ 단체운임은 항공사로부터 별도의 승인번호(AUTH NO)를 받은 후 발권할 수 있다.

단체 구성원 수 (할인적용인원 제외된 승객 수)	할인적용인원	할인수준
10~14명	1	50% 할인
15~24명	1	100% 할인
25~29명	2	1명 100% 할인 1명 50% 할인
30~39명	2	100% 할인

4) 유류할증료(Fuel Surcharge)

유류할증료는 유가가 일정 수준 이상 오를 경우, 유가상승분을 운임에 부과하는 것으로 국제유가의 급상승으로 인해 항공사에서 항공운임과 별도로 징수하고 있다. 항공권 상에 유류할증료는 Tax부분에 유류할증료가 표시되고 있다. 구간마다 운임이 산정되므로, 출발지에서 목적지까

지 직항인 경우보다 경유여정의 항공권이 유류할증료가 더 많이 부과된다. 통상적으로 유류할증료는 전월 평균 항공유가가 갤런당 1.2$ 이상일 경우 여객 1인당 단거리는 2$, 장거리는 4$ 정도 부과된다.

☞ 성상운임과 특별운임의 비교
그림에서 보는 바와 같이 7~12번에 해당되는 요금들은 정상운임에 속하고, 성수기와 비수기의 구분, MAX날짜에 대한 규정도 없다. 18~25번에 속하는 요금들은 특별운임으로 성수기와 비수기의 구분이 있으며, 유효기간에도 제한이 있음을 알 수 있다.

```
15AUG14**15AUG14/KE SELSIN/NSP;EH/TPM  2883/MPM  3459
LN FARE BASIS     OW     KRW  RT    B PEN   DATES/DAYS    AP MIN MAX R
07 FRT                    2632800 F  -       -       -     -   -   - M
08 COW          1206600           C  -       -       -     -   -   - M
09 JRT                    2413200 J  -       -       -     -   -   - M
10 CRT                    2193800 C  -       -       -     -   -   - M
11 IBIZKR                 1974500 I  +       -       -   + 3   -  6M+R
12 YOW           832000           Y  -       -       -     -   -   - M
13 YHOWKE        780000           Y  -   S25JUL  15AUG     -   -   - R
14 YRT                    1512600 Y  -       -       -     -   -   - M
15 YHRTKE                 1420000 Y  -   S25JUL  15AUG     -   -   - R
16 BHOWKS        700000           B  +   S25JUL  15AUG     -   -   - R
17 MSDOWKE       624000           M  -       -       -   + -   -   - R
18 BHEKS1                 1235300 B  +   S25JUL  15AUG     -   - 12M M
19 MHOWKS        600000           M  +   S25JUL  15AUG     -   -   - R
20 BHEKS                  1170000 B  +   S25JUL  15AUG     -   - 12M R
21 MSDRTKE                1134500 M  -       -       -   + -   - 12M R
22 MHEKS1                 1011600 M  +   S25JUL  15AUG     -   - 12M M
23 MHEKS                  1010000 M  +   S25JUL  15AUG     -   - 12M R
24 HHEKS                   890000 H  +   S25JUL  15AUG     -   -  6M R
25 EHEKS                   790000 E  +   S25JUL  15AUG     + -    6M R
                                                  PAGE  2/ 3
>
```

5) 운임코드(Fare Basis) 구성요소의 이해

(1) Prime Code(Mandatory): Fare Basis의 첫 번째에 위치하고 예약 시 해당 탑승 등급을 지칭하게 되며, Class를 결정짓게 되기도 한다.

① F First Class

② C Business Class

③ Y Economy Class(M, K, H, Q, T, S 등 예약 Class가 Multi로 다양하게 운영됨)

(2) Seasonal Code(Conditional): 사용 가능한 기간 및 성수기, 비수기 등의 운임 적용시기를 나타낸다.

① H High/Peak Season

② L Low/Basic Season

③ K Shoulder Season

(3) Part of Week Code(Conditional): 출발일 기준으로 주중/주말을 구분한다. 통상적으로 토요일, 일요일은 주말에 속한다.

W Weekend X Weekday

(4) Fare Type Code(Conditional): 운임 성격을 나타내며 중심이 되는 운임 규정에 대한 자세한 Fare Type 규정을 나타낸다.

① AP: Advance Purchase Fare(선불구입운임)

② AS: Advance Super Saver Purchase Fare(선불 초절약운임)

③ BD: Budget Discounted Fare(저가할인운임)

④ EX: Excursion Fare(주유운임)

⑤ PX: Special/Purchase Excursion(특별구입 주유운임)

⑥ APEX: Advance Purchase Excursion Fare(사전구입조건 주유운임)

⑦ IT: Inclusive Tour Fare(포괄여행운임)

⑧ ZZ: Youth Fare

⑨ GV: Group Inclusive Tour Fare

⑩ RW: Round the World Fare(세계일주운임)

※ 일반적으로 항공권 유효기간이 1년 이내로 제한될 때에는 상기 코드의 뒤에 그 유효기간을 표기한다.

※ 일반적으로 상기 코드 뒤에는 해당 항공권에 적용된 할인율을 표기한다.

(5) Discount Designator(Conditional)

여객 형태의 코드(Passenger Type Coded): 나이나 신분에 따른 할인율 적용여부를 알려주는 코드이다. 소아나 유아, 학생, 이민 등 뒤에 표시하도록 되어 있다.

① SD25: Student(학생) 일반요금의 25% 할인

② CH25: Child(소아) 어른 요금의 25% 할인

③ IN90: Infant(유아) 어른 공시운임의 90% 할인

④ CG00: 단체 인솔자/100% 할인

⑤ AD: Agent Discount(대리점직원할인)

⑥ EM: Emigrant(이민)

⑦ ID: Identity Discount(항공사직원할인)

⑧ SC: Ship's Crew(선원)

⑨ UM: Unaccompanied Minor(비동반소아)

비동반 소아 운임이란(Unaccompanied Minor: UM)

- 적용대상: 성인 보호자를 동반하지 않은 소아에게 적용되는 운임으로 UM운임이라고도 하며 탑승일 기준 만 5세 이상에서 만 11세 이하 비동반 소아에게 적용된다. 이 경우 성인요금으로 지불하고 한국 출발인 경우 1구간당 KRW 100,000의 UM신청 비용을 지불하고 탑승수속이나 기내에서 승무원의 도움을 받을 수 있다.
- 탑승 cabin class가 성인승객과 동일하지 않은 경우에도 적용된다.
- 비동반 청소년(만 12세 이상~만 16세 이하)인 경우에도 신청이 가능하며 대한항공의 경우 한국 출발 약 150,000원 정도의 수수료를 지급한다.
- 무료수하물은 성인과 동일
- 유의사항: 만 5세 미만의 어린이는 UM운송 불가하며 사전에 예약하여야 하며, 현지 연락처를 통해 Guadiance(보호자)와 연락되어야 한다. 지상보호자 확인 없이는 승인처리가 안되며, 특수 예약과의 사전 승인이 필요하다. 또한 대기상태가 아닌 확약된 예약이 필수적이다.
- 비동반 소아의 나이/성별/국적/출도착지/보호자 연락처 등을 정확히 입력해야 함.

사진제공=대한항공

아들이 미국에 간다. 출장을 가느냐고? 아니다. 방학 동안 할머님 댁에 가는 거다. 아들은 고작 10살이다. 워킹맘이라서 따라갈 수도 없는 노릇. 독립심 강하게 키우긴 했는데, 혼자 비행기를 태우자니 여간 불안한 게 아니다. 어떡하나, 보내지 말아야 하나 고민이 깊어진다. 결국…보내기로 했다!

비동반 소아 운임 (Unaccompanied Minor Fare)	성인 보호자를 동반하7 소아에게 적용하는 운 UM운임이라고도 하ㅁ 3개월부터 만 5세 미만 운임을 적용하고, 단 이상에서 만 12세 미만 운임과 동일하게 적 탑승 수속이나 기ㄴ 승무원의 도움을 받을 ㅅ

항공운임의 조회 예

① Fare Basis(운임규정)을 살펴보면 18~27번까지 특별운임의 적용 예이다.

②의 Fare Baiss를 살펴보면 첫 글자를 따서

③ Booking Class가 규정되어 있음을 볼 수 있다.

예를 들어 20번의 MHEOORKS는 M CLASS로 예약하도록 되어 있음을 알 수 있다.

H는 High 시즌으로 1월 6일부터 2월 29일까지임을 보여주고 있다. 각 항공사들이 사용하는 운임코드(Fare Basis)는 항공사가 내부적인 편의상 정한 원칙이 적용되며, 항공사별로 다른 운임코드를 사용하고 있다. 따라서 모든 운임의 성격이나 규정을 파악할 수 없으므로 정확한 정보를 위해서는 운임규정을 추가적으로 조회하여야 한다.

```
14FEB20**14FEB20/KE SELMNL/NSP;EH/TPM  1627/MPM  1952
LN FARE BASIS    OW     KRW    RT     B PEN  DATES/DAYS    AP MIN MAX R
03 FOW         1006100                F  +     -      -             -  M
04 FRT                        1829100 F  +     -      -      -  -   -  M
05 JOW          839000                J  +     -      -      -  -   -  M
06 COW          762700                C  +     -      -      -  -   -  M
07 JRT                        1525300 J  +     -      -      -  -   -  M
08 CRT                        1386600 C  +                   -  -   -  M
09 DNE3ZRKS                   1248000 D  +                +  3  -  12M+R
10 IHE3ZRKS                   1200000 I  +  S06JAN  29FEB+   3+ -   1M+R
11 IHE7ZRKS                   1050000 I  +  S06JAN  29FEB+   7+ -   1M+R
12 YOWKE        519600                Y  +     -      -      -  -   -  R
13 YOW          519600                Y  +     -      -      -  -   -  M
14 BHE00RKS     5[illegible]          B  +  S06JAN  29FEB    -  -   -  R
15 IHE4ZRKS                    950000 I  +  S06JAN  29FEB+14+   -   1M+R
16 YRIKE                       944600 Y  +     -      -      -  -   -  R
17 YRT                         944600 Y  +     -      -      -  -   -  M
18 BHE0ZRMS                    878000 B  +  S06JAN  29FEB    -  -  12M M
19 BHE0ZRKS                    870000 B  +  S06JAN  29FEB          12M R
20 MHE00RKS     426000                M  +  S06JAN  29FEB    -  -   -  R
21 [illegible]  400000                [illegible]  +  S06JAN  29FEB          -  R
```

① FARE BASIS ② ③ BOOKING CLASS ④ 성수기 기간 ⑤ 사전구입조건 ⑥

연습문제

1. 다음 설명 중 바른 것에는 O표, 틀린 것에는 X표를 하시오.
   운임계산 시 사용되는 ROE(RATE OF EXCHANGE)는 분기별 연 4회 IATA 에 의해 변경되며, 3개월 동결 원칙이나 환율 및 경제수준의 큰 변동 시 (예: IMF, 전쟁 등)에는 변경 고지될 수 있다.

   1) O　　　　2) X

2. 국제선 항공운임은 국제선 첫 출발일을 기준으로 적용한다.

3. CHILD 운임은 항공사별, 운임별 상이하나 일반적으로 성인운임 대비 25% 할인되며 나이 제한이 있다.

   1) O　　　　2) X

4. 학생운임은 어떠한 경우에도 도중체류가 불가하다.

   1) O　　　　2) X

5. INFANT의 연령은 항공권 발행일 기준 만 14일 이상 만 2세 미만이다.

   1) O　　　　2) X

6. 운임계산을 위해서 여러 통화의 각 환차를 감안하여 만들어 놓은 가상의 통화를 (　　)라 하고 이 통화와 출발지국 통화와의 환율을 (　　)라 한다.

1) ROE, NUC　　2) NUC, ROE

3) BSR, FCU　　4) FCU, BSR

7. 다음 보기 중 항공운임의 공시 기준이 아닌 것은?

1) NUC　　2) ROE

3) KRW　　4) JPY

8. 다음 중 항공운임의 통화규정에 대한 설명으로 틀린 것을 고르시오.

1) 베트남 SGN 출발인 경우, 출발지국 통화단위는 USD로 기재해야 한다.

2) 출발지국 통화운임의 환산 공식은 NUC 곱하기 ROE이다.

3) NUC와 ROE는 발행일 기준으로 적용한다.

4) NUC 단위로 운임을 표시할 경우에는 소수 둘째자리까지 표시한다.

9. 항공운임과 통화규정에 관련된 설명 중 바르지 못한 것은 어느 것인가?

1) 항공운임은 출발지국 화폐단위를 기준으로 표기하는 것이 일반적이다.

2) ROE란 출발지국 화폐단위와 NUC 간의 변환에 있어서 사용되는 환율을 의미하며 3개월에 1회씩 변경된다.

3) NUC는 출발지국 통화운임을 ROE로 나눈 값으로 표기한다.

4) ROE는 여정의 출발일에 유효한 ROE를 적용한다.

10. 다음 빈 칸을 채우시오.

(　　　)는 유가가 급등하여 운임설정 시의 운임만으로는 운항비용을 감당할 수 없는 사태에 대응하기 위한 조치로 걸프전 이후 항공업계에서 도입했으며, 국토해양부가 국제유가 변동에 따라 설정해 놓은 것이 부과기준에 나와 있지만, 실제 적용여부는 항공사마다, 구간마다 차이가 있다.

11. 다음 중 할인 운임에 대한 설명 중 맞는 것을 고르시오.

1) 유아할인은 출발일 기준 만 2세 이하까지 좌석 비점유 승객에게 적용한다.
2) 비동반 소아운임(UM)은 최초 여행일 기준 만 5세 이상 만 12세 미만 승객에게 적용가능하다.
3) 성인 보호자와 소아 승객이 다른 cabin에 탑승해도 동반소아로 간주한다.
4) 유아승객 운임은 동반 성인 승객기준 75% 적용한다.

PART 02

항공운임의 계산

CHAPTER 5 공시운임의 조회

1 FARE SYSTEM의 이해

1) FARE SYSTEM

2014년 8월 이후 TOPAS Sell Connect로 새롭게 업그레이드되면서, Loweset Fare 조회 후 예약 생성 및 Automatic Ticket Changer 기능을 이용한 자동 재발행, 환불 기능 도입 등 사용자 요구에 맞춘 다양한 기능이 추가적으로 사용할 수 있게 되었다.[1)]

① 운임조회기능
② 운임관련 각종 정보 및 Rule 조회기능
③ PNR이 없는 상태에서 자동으로 운임을 계산하는 기능
④ PNR이 있는 상태에서 자동으로 운임을 계산하는 기능
⑤ 실제 예약상태와 연계한 적용 가능한 운임을 계산하는 기능
⑥ 항공사 Nego Fare의 별도 조회 및 자동운임 계산 기능

1) TOPAS 발권실무, 토파스 여행정보, p.26.

2 공시운임의 조회

1) 공시운임 조회의 개요

IATA 및 해당 국가의 승인을 거친 각 항공사의 공시운임은 해당 항공사들이 판매를 진행하는 데 있어서 기준이 되며, 항공사별로 혹은 노선별로 공시운임과 동일한 금액으로 판매를 하는 경우도 있고 할인을 적용하여 판매하는 경우도 있다. 최근에는 별도로 할인을 적용하는 경우보다 공시운임이 곧 판매금액이 되는 경우가 늘어가고 있다. 일반적으로 항공권을 발권하는 담당자는 공시운임과 판매가(Selling Price) 정보를 모두 알아야 하지만 그 중에서도 항공권에 표시되는 해당 여정에 대한 공시운임을 먼저 확인하고 계산할 수 있어야 올바른 발권을 진행할 수 있다.[2)]

2) Fare의 구분

(1) Published Fare(일반공시운임)

모든 GDS에서 조회 가능하며 모든 대리점에서 사용 가능한 공시운임으로 IATA Fare와 Carrier Fare가 있다.

① Carrier Fares: 개별 항공사 판단에 의해 설정되어 관련국 정부 승인을 얻은 운임

② IATA Fare: IATA Tariff Conference에서 IATA 항공사 간 협의에 의해 설정된 운임. 2018년 10월 IATA FARE 폐지됨.

(2) Private Fare(개별운임)

판매가 자체를 공시운임에 등록하여 사용하는 운임. 대부분의 Published Fare 등록 시 항공사들은 기본적인 항공운임의 제한사항(Endorsement)이

2) 항공운임과 발권의 기초, 아시아나 애바카스, p.46.

등록되며 별도의 할인이 추가적으로 제공됨. Private Fare의 경우 ENDS와 함께 TOUR CODE까지 운임정보상에 자동 등록되는 경우도 있으나, Published Fare의 경우 추가적인 할인 제공이 있는 경우 할인금액과 TOUR CODE 등을 발권자가 별도로 입력해야 함.

① 일반 Private Fare: 전 대리점에 적용되는 Private Fare

② 특별 Private Fare: 특정 대리점에만 적용되는 Private Fare

3) 공시운임 조회지시어

구간별 운임조회 기본지시어는 다음과 같다. Fare Display에 관한 기본 지시어에 대한 사항은 HE FQD로도 조회가 가능하다.

(1) 기본 지시어(Entry)

지시어	구 성
FQDSELBKK	FQD〈출발지〉〈도착지〉
FQDSELBKK/ATG	FQD〈출발지〉〈도착지〉/A〈항공사〉

```
> FQDSELBKK

FQDSELBKK
BA   BI   BR   CA   CI   CX   CZ   EK   ET     TAX MAY APPLY
GA   GS   HU   HX   HZ   IT   KA   KE   KL     SURCHG MAY APPLY-CK RULE
LH   LJ   MH   MI   MU   NX   NZ   OZ   PR
QF   QR   QV   SQ   TG   VA   VN   WY   XF
3U   /YY*AC    AF   AK   BG   CA   CG   CO
C6   D2   D7   EK   FD   FP   FR   FY   F5
GI   GX   G5   HC   H1   JD   KC   KE   LH
LL   M8   NW   OZ   QH   QZ   RY   R3   R8
SB   TB   TO   UA   UK   VJ   VK   VY   WW
W5   W7   Y4   Y5   UO   BU   DL   3U   5U
6Q   7A   9B   9G   9H   9R   9X
ROE 1015.400 UP TO 100.00 KRW
06AUG14**06AUG14/YY SELBKK/NSP;EH/TPM  2286/MPM  3710
LN FARE BASIS     OW    KRW   RT     B PEN   DATES/DAYS     AP MIN MAX R
01 F           1321400               + -      -       -      -   -   - M
02 F                       2402400   + -      -       -      -   -   - M
03 C           1101000               + -      -       -      -   -   - M
04 C                       2001800   + -      -       -      -   -   - M
05 Y            757700               + -      -       -      -   -   - M
06 Y                       1377600   + -      -       -      -   -   - M
>                                                  PAGE  1/ 2
>
```

별도 option을 추가하지 않은 경우에는 YY Fare 기준(모든 항공사 적용의 IATA FARE), 현재 날짜와 출발도시의 Currency가 적용된 운임이 보이도록 기본값이 설정되어 있다. 항공사만 별도로 추가 option을 정할 경우에는 보기의 entry처럼 / ATG를 추가 입력하면 된다.

A는 AIRLINE의 약자, TG는 TG항공사를 뜻한다.

Entry 화면 1

```
> MD

06AUG14**06AUG14/TG SELBKK/NSP;EH/TPM  2286/MPM  2743   ①
LN FARE BASIS     OW    KRW   RT    B PEN  DATES/DAYS   AP MIN MAX R   ②
04 CRMTG                    2001800 C  -  B31MAR   -    + -   -  12M M
05 YOMTG           688800           Y  -  B31MAR   -    + -   -    - M
06 YRMTG                    1377600 Y  -  B31MAR   -    + -   -  12M M

06AUG14**06AUG14/YY SELBKK/NSP;EH/TPM  2286/MPM  2743
07 F             1321400            +  -     -     -      -   -    - M
08 F                        2402400 +  -     -     -      -   -    - M
09 C             1101000            +  -     -     -      -   -    - M
10 C                        2001800 +  -     -     -      -   -    - M
11 Y              757700            +  -     -     -      -   -    - M
12 Y                        1377600 +  -     -     -      -   -    - M
13 YHEE1M                   1160200 +  -  S17JUL  22AUG   -  3+   1M M
14 YHPX15                    940600 + P10 S17JUL  22AUG   +  3+   15 M
>                                                PAGE   2/ 2
```

①

06AUG14**06AUG14	Current date(or Departure date)
/TG	Airline code
SELBKK	City pair
/NSP	Normal and special fares
;EH	Global routing indicator
/TPM 2286	Ticketing point mileage
/MPM 2743	Maximum permitted mileage

②

LN	Line number
FARE BASIS	Fare basis

(information about the type of fare, type of passenger, class, minimum/maximum stay, restriction, seasonality, days of travel…etc)

OW	One-way fares
KRW	Currency code
RT	Round-trip fares
B	Booking class ('+' sign means that more than one booking class applies)
PEN	Penalty information(FQN)
DATES/DAYS	Dates and days restriction
AP	Advance purchase requirements
MIN	Minimum stay restrictions
MAX	Maximum stay restrictions
R	Routing information(FQR)

(2) Option 추가 Entry

```
FQDSELBKK/D25DEC/AKE/IL, X, H/R, NUC
```

▶ 조건과 조건 사이에 (/)로 구분

[FQD]	기본 Entry(Fare Quotation Display)
[SELBKK]	출발-목적 도시
[AKE]	운임항공사 (A : Airline , KE : Korean air)
[D25DEC]	출발일자 (D : Departure)
[IL, X, H]	항공사 List 제외, 낮은 운임 순으로 조회, 1/2왕복운임 조회

```
> FQDSELBKK/D25DEC/AKE/IL,X,H/R,NUC                 ①

FQDSELBKK/D25DEC/AKE/IL,X,H/R,NUC
ROE 1019.400 UP TO 100.00 KRW
25DEC14**25DEC14/KE SELBKK/NSP;EH/TPM  2286/MPM  2743
LN FARE BASIS     OW    NUC  RT    B PEN  DATES/DAYS    AP MIN MAX R
01 KSKYASA7               330.00 K 000    -       -   + 3  -   - R
02 EHEKS                  353.14 E  +   S19DEC  28FEB   + -   6M R
03 HSKYASA7               380.00 H 000    -       -   + 3  -   - R
04 HHEKS                  402.19 H  +   S19DEC  28FEB  -   -  6M R
05 MHEKS                  461.05 M  +   S19DEC  28FEB  -   - 12M R
06 MHEKS1                 461.05 M  +   S19DEC  28FEB  -   - 12M M
07 MSDRTKE                506.76 M  -     -       -   + -  - 12M R
08 BHEKS                  534.62 B  +   S19DEC  28FEB  -   - 12M R
09 BHEKS1                 557.68 B  +   S19DEC  28FEB  -   - 12M M
10 YHRTKE                 647.43 Y  -   S19DEC  28FEB  -   -   - R
11 YRT                    675.69 Y  -     -       -      -   -   - M
12 IBIZKR                 883.70 I  +     -       -   + 3  -  6M+R
13 CRT                    981.85 C  -     -       -      -   -   - M
14 JRT                   1080.04 J  -     -       -      -   -   - M
15 FRT                   1178.34 F  -     -       -      -   -   - M
16 PRT                   1296.25 P  -     -       -      -   -   - M
17 RRT                   1472.92 R  -     -       -      -   -   - M
>                                               PAGE  1/ 1
```

입력 지시어 조회 결과는 앞서 설명한 내용과 같다. Fare Basis는 항공사별로 다르게 운영되어 display되지만, 기본적인 코드와 나타내는 용어는 같다. 지시어 조회 후 나타내는 규정사항은 요금 설정 시 중요하므로 고객에게 정확하게 전달되어야 하며, 발권 시에도 정확하게 연결하여야 한다.

코드	설명
LN	Line Number
NSP	Normal Special Price
FARE BASIS	운임코드
OW	One Way Fare
KRW	통화코드
RT	Round Trip Fares
B	운임 공시 항공사 적용 Booking Class
PEN	Penalty 정보 NRF: Non-Refundable P50: 50% Penalty -: Penalty 없음 +: Penalty 있음
DATE/DAYS	Date: 출발일 Season 적용, Days: 출발 요일 적용
AP	사전구입조건(Advance Purchase) +: 제한사항이 더 있음을 나타냄 -: 제한사항이 없음을 나타냄
MIN	최소체류기간(Minimum Stay)
MAX	최대체류기간(Maximum Stay)
R	운임계산 방식 M: Mileage System Fare R: Routing System Fare

☞ Mileage System Fare와 Routing System Fare에 대한 설명은 다음 장에서 설명하도록 한다.

(3) 선택사항 지정 유형별 입력 지시어

기본 지시어 외에 추가적으로 항공사, 날짜, Booking Code, Global Indicator 등의 지정을 통한 운임 조회가 가능하다.

Entry	기능
FQDSELSIN/ASQ	특정항공사와 YY운임 조회
FQDSELSIN/ASQ,KE,OZ	복수항공사 지정(최대 3개까지 가능함)
FQDSELSIN/D10MAR	출발날짜 지정 운임 조회
FQDSELSIN/DMAR	01MAR부터 3개월간 운임 조회
FQDSELPAR/VTS	GI를 지정한 운임 조회
FQDSELSIN/IX,L	낮은 운임부터 높은 운임 순으로 조회하며 항공사 List 제외하고 조회
FQDSELSIN/CK	특정 Booking Class 지정
FQDSELSIN/IR/R,NUC	NUC로 왕복(RT)운임 조회
FQDSELSIN/IO/R,NUC	NUC로 편도(OW)운임 조회
FQDSELSIN/IH/R,NUC	NUC로 1/2왕복(1/2RT)운임 조회
FQDSELSIN/R,AT	TAX 포함 운임 조회
FQDSELSIN/R,-GRP	그룹운임 조회
FQDSELSIN/R,-CH-IN-SD	승객 Type 지정 조회(최대 3개까지 가능)
FQDSELSEL/AKE/VRW	세계일주운임 조회
FQDNYCWAS/AUS/R,-VA	VUSA FARE 조회

(4) 간편 지시어(Entry)

아래의 Entry들은 운임화면 display(FQD) 또는 예약의 Availibility 화면을 조회한 상태에서 상호 호환이 가능하도록 만든 간편 기능으로서 간단한 예약 및 운임조회를 할 수 있다.

Entry	설명
MPFQD	FQD 이후의 후속 Entry를 입력하여 작업하는 전에, 기존의 운임 응답화면으로 돌아가기
FQDN	NUC로 운임 조회
FQDL	출발지국 통화(Local currency)로 운임 조회
FQDR	역방향운임 조회

3 FARE RULE 조회

1) Fare Note 조회

운임별 Fare Rule에는 선택된 운임의 조건과 규정이 포함되어 있다. 다양한 운임관련 정보를 포함하며 해당 운임 계산 시에는 운임 규정(Rule)을 확인해 승객이 반드시 알고 있어야 하는 사항을 공지해야 한다. 또한 발권 시 지켜야 하는 규정을 숙지해 적용해야 한다. 해당 운임의 Line별 번호를 이용하여 Fare note를 찾고자 하는 경우에 System은 Fare Display에 지정된 날짜에 따른 요금 규정을 보여준다. 만약 과거 시점의 Note가 필요하다면 과거일자의 운임을 조회한 후 해당 Line Number로 Note를 조회할 수 있다.

순서	지시어	내용
1단계	FQDSELLON/AKE	목적지에 대한 운임을 조회 FQD 기본 지시어 SELLON(출발지 목적지)/AKE(항공사)
2단계	FQN36	조회 결과의 운임 LIST에서 사용하고자 하는 운임번호 선택 (36: 운임번호)

Entry 화면 1

```
> FQDSELLON/AKE        [1단계]
> MD

06AUG14**06AUG14/KE SELLON/NSP;TS/TPM  5646/MPM  8366
LN FARE BASIS    OW   KRW  RT    B PEN  DATES/DAYS   AP MIN MAX R
33 EHXEKU1              1900000 E  +      -     12345+  + -   12M R
                                     S18JUL  16AUG
34 HHXEKU               1900000 H  +      -     12345+ -  -   12M R
                                     S18JUL  16AUG
35 EHWEKU               1800000 E  +      -        67+  + -   12M R
                                     S18JUL  16AUG
36 EHXEKU               1700000 E  +      -     12345+  + -   12M R
                                     S18JUL  16AUG
> FQN36                [2단계]
FQN36
**   RULES DISPLAY   **                    TAX MAY APPLY
                                           SURCHG MAY APPLY-CK RULE
06AUG14**06AUG14/KE SELLON/NSP;TS/TPM      5646/MPM   8366
LN FARE BASIS     OW    KRW   RT    B PEN  DATES/DAYS     AP MIN MAX R
36 EHXEKU               1700000 E  +        -      12345+  + -   12M R
                                         S18JUL   16AUG
FCL: EHXEKU     TRF:  44 RULE: KU03 BK:   E
PTC: ADT-ADULT                 FTC: XEX-REGULAR EXCURSION
RU.RULE APPLICATION
EXCURSION FARES FROM KOREA TO EUROPE
 APPLICATION
   AREA
     THESE FARES APPLY
     FROM KOREA, REPUBLIC OF TO EUROPE.
   CLASS OF SERVICE
     THESE FARES APPLY FOR ECONOMY CLASS SERVICE.
   TYPES OF TRANSPORTATION
     THIS RULE GOVERNS ROUND-TRIP FARES.
     FARES GOVERNED BY THIS RULE CAN BE USED TO CREATE
     ROUND-TRIP/CIRCLE-TRIP/OPEN-JAW JOURNEYS.
```

2) Index를 이용한 Fare Note 조회

Fare Note는 Rule Application 조항부터 순서대로 보여지나 특정 Category를 별도로 지정하면 해당 사항만 별도 확인이 가능하다.

- FQD – 기본 지시어
- SELLON – 출발지목적지
- / – /로 구분
- AKE – Airline의 약자와 조회하고자 하는 항공사
- FQN – Fare Rule Note 기본 지시어
- 36번은 원하는 요금에 해당하는 line 번호
- FQN36*AP, PE

AP, PE는 해당 RULE의 약어(Abbreviation)이며, 응답화면에서 보는 바와 같이 여러 종류의 RULE이 있다. 그 중에 AP는 사전예약과 발권사항에 관한 것이고, PE는 환불이나 발권 취소 시에 발생하는 Penalty로 알고자 하는 해당 rule에 관한 약어로 조회할 수 있다.

순서	지시어	내용
기본 지시어	FQDSELLON/AKE	목적지에 대한 운임을 조회
1단계	FQN36*L 또는 FQN36//LI	조회 결과의 운임 LIST에서 사용하고자 하는 운임번호 선택과 함께 Rule Category List를 보고자 함.
2단계	FQN36*AP,PE	해당 운임의 세부규정 선택 AP(Advance Res/Tkt)와 Pe(Penalty) 사항 조회

Entry 화면 1

```
> FQN36*L
```

1 단계

```
FQN36*L
VERIFY OPTION
**  RULES DISPLAY  **                     TAX MAY APPLY
                                          SURCHG MAY APPLY-CK RULE
06AUG14**06AUG14/KE SELLON/NSP;TS/TPM     5646/MPM  8366
LN FARE BASIS    OW   KRW  RT   B PEN     DATES/DAYS   AP MIN MAX R
36 EHXEKU               1700000 E  +        -     12345+  + -  12M R
                                         S18JUL  16AUG
FCL: EHXEKU   TRF:  44 RULE: KU03 BK:  E
PTC: ADT-ADULT                   FTC: XEX-REGULAR EXCURSION
OPTION LIST
   RU.RULE APPLICATION                    MX.MAX STAY
   SE.SEASONS                             DA.DAY/TIME
   SR.SALES RESTRICT                      TR.TVL RESTRICTION
   AP.ADVANCE RES/TKT                     FL.FLT APPLICATION
   CD.CHILD DISCOUNTS                     TC.TOUR CONDUCTOR
   AD.AGTS DISCOUNTS                      OD.OTHER DISCOUNTS
   SO.STOPOVERS                           TF.TRANSFERS/RTGS
   SU.SURCHARGES                          TE.TKT ENDORSEMENT
   PE.PENALTIES                           CO.COMBINABILITY
   MD.MISCELLANEOUS DATA                  VC.VOLUNTARY CHANGES
```

RULE NOTE KEY WORD →

```
> FQN36*AP,PE
```

2 단계

```
FQN36*AP,PE
**  RULES DISPLAY  **                     TAX MAY APPLY
                                          SURCHG MAY APPLY-CK RULE
06AUG14**06AUG14/KE SELLON/NSP;TS/TPM     5646/MPM  8366
LN FARE BASIS    OW   KRW  RT   B PEN     DATES/DAYS   AP MIN MAX R
36 EHXEKU               1700000 E  +        -     12345+  + -  12M R
                                         S18JUL  16AUG
FCL: EHXEKU   TRF:  44 RULE: KU03 BK:  E
PTC: ADT-ADULT                   FTC: XEX-REGULAR EXCURSION
AP.ADVANCE RES/TKT
FOR EHXEKU TYPE FARES

  RESERVATIONS ARE REQUIRED FOR ALL SECTORS.
  WAITLIST NOT PERMITTED.
  TICKETING MUST BE COMPLETED WITHIN 3 DAYS AFTER
  RESERVATIONS ARE MADE.
         NOTE -
          ALL SECTORS MUST BE CONFIRMED.

PE.PENALTIES
BETWEEN KOREA, REPUBLIC OF AND AREA 2 FOR EHXEKU TYPE FARES
                                                   PAGE  1/ 8
```

3) 운임마디 Fare Note 조회

자동운임계산(FQP)을 한 결과 한 개 이상의 운임마디로 이루어진 운임에 대해 Fare Note를 확인하고자 하는 경우에는 사용한다.

순서	지시어	내용
기본 지시어	FQPSEL/AKELONSEL	FQP 기본 지시어 출발지/A항공사목적지도착지
1단계	FQN7	7번 운임규정 조회
2단계	FQN7-1	7번 운임규정 조회 후 첫 번째 FQN7-1운임마디 Fare Note 조회
3단계	FQN7-1//AP,PE	AP(사전구입), PE(PENALTY) 조건을 파악함

또한 Fare Category를 이용한 조회도 가능하다.

1단계와 2단계 생략 후 조회하고자 하는 Rule을 바로 조회할 수 있다. 단, Rule의 Keyword를 알고 있어야 한다.

순 서	지 시 어	내용
기본 지시어	FQPSEL/AKELONSEL	FQP 기본 지시어 출발지/A항공사목적지도착지
1단계	FQN7-1*AP, PE	7번 운임규정 중에서 AP(사전발권 및 구입 소건)와 PE(Penalty) 규정만 알고자 할 때 간편 지시어로 조회

Entry 화면 1

```
> FQPSEL/AKELONSEL

FQPSEL/AKELONSEL

 * FARE BASIS *  DISC      *   PTC         * FARE<KRW>  * MSG   *T
01 RRT         *           * 1             *  12274600  *RB     *Y
02 PRT         *           * 1             *  10875400  *RB     *Y
03 FRT         *           * 1             *   9942500  *RB     *Y
04 JXRT        *           * 1             *   7752500  *RB     *Y
05 CXRT        *           * 1             *   7103500  *RB     *Y
06 YRT         *           * 1             *   3953700  *RB     *Y
07 EHXEKU      *           * 1             *   2165200  *RB     *Y
*1-7*RESTRICTIONS MAY APPLY/CHECK FQN
*7*TICKET STOCK RESTRICTION
>                                                     PAGE   1/ 1
>

> FQN7

> FQN7-1

FQN7-1

 7 - PTC 1 ADT                                         RULES DISPLAY
FARE COMPONENT  1    ADT SELLON KE  EHXEKU    PU 1 S
FCL: EHXEKU      TRF:  44 RULE: KU03 BK:  E
PTC: ADT-ADULT                 FTC: XEX-REGULAR EXCURSION
RU.RULE APPLICATION
EXCURSION FARES FROM KOREA TO EUROPE
 APPLICATION
   AREA
     THESE FARES APPLY
     FROM KOREA, REPUBLIC OF TO EUROPE.
   CLASS OF SERVICE
     THESE FARES APPLY FOR ECONOMY CLASS SERVICE.
   TYPES OF TRANSPORTATION
     THIS RULE GOVERNS ROUND-TRIP FARES.
     FARES GOVERNED BY THIS RULE CAN BE USED TO CREATE
     ROUND-TRIP/CIRCLE-TRIP/OPEN-JAW JOURNEYS.
 CAPACITY LIMITATIONS
   THE CARRIER SHALL LIMIT THE NUMBER OF PASSENGERS CARRIED
   ON ANY ONE FLIGHT AT FARES GOVERNED BY THIS RULE AND SUCH
                                                 PAGE   1/18
>
```

4) Tax 조회(HE TAX)

항공요금에 부과하여 징수되는 각 국가별 tax 정보에 대한 자세한 내용은 국가코드를 이용한 조회로 알아볼 수 있다.

FQNTAX/KR

Entry 화면 1

```
>FQNTAX/KR


FQNTAX/KR
KR SOUTH KOREA
REPUBLIC OF KOREA TAX INFORMATION

** TAXES COLLECTABLE ON TICKET **
                                              TAX CODE

1. INTERNATIONAL PSC,DEPARTURE TAX                BP
   AND CONTRIBUTION TO INTERNATIONAL
   POVERTY ERADICATION

2. DOMESTIC PASSENGER SERVICE CHARGE               DA


------------------------------------------------------------

1. INTERNATIONAL PSC,DEPARTURE TAX AND CONTRIBUTION
   TO INTERNATIONAL POVERTY ERADICATION

TAX CODE ON TICKET:  * BP *
INTERNAL TAX TYPE :  ( DP )
                                                  PAGE  1/ 5
>
```

이 외에도 해당 도시코드를 사용한 개별 조회도 가능하다.

즉, FQNTAX/SEL도 적용 가능하며 해당 지시어의 응납화면에서 TAX

적용방법, 조건, 금액, Tax Code에 대한 상세한 정보를 확인할 수 있다. USA에서 징수하는 세금 중 'YC'TAX에 대한 내역이나 조건만 확인하고자 한다면 다음과 같은 입력 지시어로 조회할 수 있다.

```
FQNTAX/US/YC
```

Entry 화면 1

```
>FQNTAX/US/YC
US UNITED STATES
2. US CUSTOMS USER FEE
TAX CODE ON TICKET: * YC *   INTERNAL TAX TYPE : ( AE )

USD 5.50 FOR EACH INTERNATIONAL ARRIVAL IN THE USA,
INCLUDING INCIDENTAL OR TECH STOPS IN THE USA.
DEFINED AS: 50 STATES/DISTRICT OF COLUMBIA/PUERTO RICO
A CUSTOMS USER FEE OF USD 5.50 OR EQUIVALENT SHALL BE
COLLECTED AT THE TIME OF TICKET ISSUANCE.  IF THE FEE
HAS NOT BEEN LEVIED AT TIME OF TICKET ISSUANCE THE FEE
SHALL BE COLLECTED WHEN THE PASSENGER LEAVES THE USA.

LEVIED ON PASSENGERS ARRIVING IN THE FIFTY UNITED STATES,
DISTRICT OF COLUMBIA, OR PUERTO RICO ON FLIGHTS IN WHICH THE
JOURNEY ORIGIN IS A POINT OTHER THAN US TERRITORIES AND
POSSESSIONS.
OR
ORIGINATED IN THE USA AND JOURNEY IS NOT LIMITED TO
TERRITORIES AND POSSESSIONS OF THE UNITED STATES.
                                              PAGE  1/ 2
>
```

연습문제

1. 구간별 공시운임 조회 기능인 FQDSELHKG/AKE를 실행하였을 경우 조회 결과로 확인할 수 없는 항목은 무엇인가?

   1) 운임별 공시운임 값
   2) 사용가능한 운임종류(Fare Basis)
   3) 두 도시 간에 적용되는 TAX 종류
   4) MIN/MAX 정보

2. 다음 서울-방콕 구간의 운임 조회 응답화면을 보고 내한항공(KE)에서 적용하고 있는 Y등급의 KE SPECIAL FARE를 모두 적으시오. (FARE BASIS)

   ( )

```
FQDSELBKK/AKE/IL,X
ROE 1136.65 UP TO 100.00 KRW
LN FARE BASIS OW KRW   RT       B PEN DATES/DAYS      AP   MIN MAX R
 1 MLPX15     856700             M +   S01MAR 16JUL +3          15 M
 2 KLEE1M    1072400             K -   S01MAR 16JUL -           1M M
 3 YOW        688800               Y - - - - - - - M
 4 YRT                 1377600   Y - - - - - - - M
 5 C          1000900  2001800   C - - - - - - - M
 6 J          1101000  2202000   J - - - - - - - M
 7 F          1201200  2402400   F - - - - - - - M
 8 P          1321400  2642800   P - - - - - - - M
) PAGE 1/ 1
```

3. 2번의 화면보기에서 그 내용을 설명한 것 중 올바르지 않은 것은?

1) 'YRT'는 연중 사용가능한 운임이고 최소체류기간의 제한이 없다.

2) 856,700원에 해당하는 요금은 체류기간이 15일이다.

3) 1개월 체류해야 할 경우 선택할 수 있는 요금은 1,072,400원이다.

4) KLEE1M의 BOOKING CLASS는 M이다.

4. 구간별 공시운임 조회 기능의 조건별 지시어를 실행한 것 중 그 내용이 올바르지 못한 것은 어느 것인가?

1) FQDSELHKG/D10MAR

2) FQDSELHKG/IL,X

3) FQDSELHKG/R,-GRP

4) FQDSELHKG/R,C

☞ 승객 TYPE 중 CHD 지정조회 지시어는 FQDSELHKG/R, -CH이다.

5. 특정구간 운임 조회(FQD) 후 3번 운임사항 관련 규정 및 조건을 확인하는 ENTRY? (규정전체)

6. 다음 조건에 맞는 구간운임 조회 지시어는?

구간: SEL-TYO, 출발일: 12 JUL, 승객유형: 학생, 항공사: 대한항공

7. 다음 조건으로 두 도시 간 공시운임을 조회하는 입력 지시어를 쓰시오.

반드시 조건 순서대로 입력, 조건에 맞는 가장 짧은 ENTRY(입력 지시어)
1) 서울-홍콩(HKG)
2) 출발일: 3월 20일
3) 항공사: TG
4) 1/2 RT NUC로 항공사 LIST 없이 저렴한 운임 순서대로

CHAPTER 6 여정운임계산

1 자동운임 계산

1) 자동운임 조회의 기능

자동운임 조회는 PNR 없이 여정만으로 운임을 산출하는 방법과 PNR을 이용해 자동운임 계산하는 방법으로 나누어진다. 여정운임 계산 기능은 PNR 없이 주어진 여정 조건을 이용하여 항공운임 및 적용된 TAX금액까지를 함께 계산해 주는 역할을 한다. 조건 지정 시 기본적으로 공항코드를 사용해야 올바른 TAX를 반영할 수 있으며, 발권항공사와 탑승항공사를 지정한다.

(1) FQP(Informative Pricing) -HE FQP

FQP 기능은 완성된 PNR 없이 여정만으로 운임을 산출하는 방법으로 운임의 정보 주정 차원에서 다양한 방법으로 운임계산이 가능하다. 조회하고자 하는 여정을 도시코드가 아닌 공항코드로 지정해야 공항별 적용 TAX가 정확하게 반영되어 계산된다.

① 운임계산(Pricing Condition) 조건

- Group Fare와 Air Pass 운임 제외하며 과거 24개월 이전과 미래 12개월 후까지 운임 적용이 가능하다.
- 왕복 기준 16개 Seg, 편도 기준 15 Seg(최대 2개의 Surface 포함)가지 운임 산출이 가능하다.[3)]

② 운임산출 추정제시기준(Pricing Assumption)

HQP(Informative Pricing)로 운임산출 시 어떠한 Option도 포함하지 않았다면 시스템은 다음의 조건으로 운임을 산출한다.

- 성인운임 기준과 첫 일정(Segment)은 오늘 출발, 나머지 Segment는 날짜 미확정으로 처리됨.
- Class별 높은 운임에서 낮은 운임 순으로 계산값을 보여주며, 여행사의 경우 YY(항공사 지정 없이 모든 항공사) Fares, 항공사의 경우 해당 항공사 운임을 제시한다.
- 모든 도시를 stopover로 간주한다.

☞ 보다 정확한 운임산출을 위해서는 발권항공사 및 탑승항공사, 출발일자 등에 관한 option을 추가 지정해 주는 것이 바람직하다.

2) 자동운임 조회 지시어

(1) 기본 지시어

FQPICNMNLICN

FQP: 기본 지시어

ICNMNLICN: 여정, 출발지 ICN, 도착지 MNL, 도착 ICN

3) TOPAS 발권실무(2013), 토파스경영정보(주), p.56.

Entry 화면 1

```
> FQPICNMNLICN

 FQPICNMNLICN

  * FARE BASIS *  DISC     *  PTC         * FARE<KRW>  * MSG   *T
 01 F          *           * 1            *   1690800  *RB     *Y
 02 C          *           * 1            *   1414600  *RB     *Y
 03 Y          *           * 1            *    972600  *RB     *Y
 04 YHEE1M     *           * 1            *    914800  *RB     *Y
 05 YHPX15     *           * 1            *    747600  *RB     *Y
 *5*RESTRICTIONS MAY APPLY/CHECK FQN
 >                                                PAGE   1/  1
 >
```

코드	설명
FARE BASIS	적용 가능한 운임종류 코드
DISC	Discount Code(할인된 운임코드)
PTC	Passenger Type(계산된 운임의 승객유형 ADT)
Fare	Fare(적용된 공시운임금액)
MSG	Message Code
T	Tax 포함여부 Y: Tax Included

해당 여정에 대해 적용 가능한 운임의 종류가 모두 계산된 결과이다. 첫 화면에서는 각 운임종류의 코드 및 운임 등을 확인할 수 있으며 사용자가 선택하고자 하는 운임의 종류를 선택하여 세부사항을 추가 조회해야 한다.

(2) 선택운임의 추가 세부조회

조회하고자 하는 특정 운임의 번호를 지정하여 추가 조회를 진행하면, TAX의 구성, 운임 구성내역 등을 확인할 수 있다.

FQQ 4 / FQH 4

FQQ4: 4번 라인 운임 세부 계산 내역 조회(가로보기)

FQH4: 4번 라인 운임 세부 계산 내역 조회(세로보기)

```
Entry 화면 1
FQQ4

04 YHEE1M      *           * 1           *      914800   *RB     *Y

LAST TKT DTE 12AUG14 - DATE OF ORIGIN
-------------------------------------------------------------
     AL FLGT  BK   DATE  TIME  FARE BASIS      NVB  NVA    BG
 SEL
 MNL YY       Y    12AUG       YHEE1M                12SEP
 SEL YY       Y                YHEE1M          15AUG12SEP

KRW   886800      12AUG14SEL YY MNL434.96YY SEL434.96NUC
                  869.92END ROE1019.400000
KRW    28000BP


KRW   914800
BG CXR: YY/YY
>                                                  PAGE  2/ 2
>
> FQH4

FQH4



  FCP  AL  BK TPM   MPM   EMA  EMS R GI CC  NVB  NVA    BG
  SEL
  MNL  YY  Y  1627  1952           M EH YY     12SEP
 FARE BASIS:YHEE1M         AMOUNT IN NUC:         434.96
  SEL  YY  Y  1627  1952           M EH YY 15AUG12SEP
 FARE BASIS:YHEE1M         AMOUNT IN NUC:         434.96

 TOTAL FARE CALCULATION:                          869.92
 ROE: 1019.400000                  FARE KRW:      886800
 TAX: BPDP            28000
 TOTAL:                                           914800
```

☞ 첫 번째 조회 결과 중 특정 운임번호를 지정하여 세부내역 조회한 결과

적용된 공시운임 금액, TAX 금액, 운임마디별 운임 구성내역을 상세히 살펴볼 수 있다.

2 자동운임 추가조건의 지정(FQP Option Entry)

1) 출발일자의 지정

기본 조회 지시어에 추가 선택(Option) 공항코드, 발권/탑승항공사를 지정하여 좀 더 정확한 공시운임과 TAX를 계산할 수 있다. 또한 승객의 국제선 첫 구간 출발일자를 기준으로 적용하며, Option은 종류에 따라서 여정 중간에 위치하는 경우와 여정의 맨 끝에 위치하는 경우로 나눌 수 있다.

FQPICN/D1MAY/AKE/VTSPAR/AKEICN

출발일자 /항공사/ GI/목적지

Entry 화면 1

```
> FQPICN/D1MAY/AKE/VTSPAR/AKEICN

 FQPICN/D1MAY/AKE/VTSPAR/AKEICN

  * FARE BASIS *  DISC    *  PTC       * FARE<KRW>  * MSG  *T
 01 RRT        *          * 1          *  12067100  *RB    *Y
 02 PRT        *          * 1          *  10667900  *RB    *Y
 03 FRT        *          * 1          *   9735000  *RB    *Y
 04 JXRT       *          * 1          *   7545000  *RB    *Y
 05 CXRT       *          * 1          *   6896000  *RB    *Y
 06 IXBZ       *          * 1          *   6247100  *RB    *Y
 07 YRT        *          * 1          *   3838800  *RB    *Y
 08 EKXEKU     *          * 1          *   1850300  *RB    *Y
 *1-8*RESTRICTIONS MAY APPLY/CHECK FQN
 *6,8*TICKET STOCK RESTRICTION
 >                                                PAGE  1/ 1
```

☞ 출발일자 시점에 따라 Seasonality상의 운임이 다르게 조회된다.

FQQ 8

Entry 화면 1

```
> FQQ8

FQQ8

08 EKXEKU     *          * 1         *    1850300   *RB     *Y

LAST TKT DTE 15AUG14 - SEE ADV PURCHASE
--------------------------------------------------------------
     AL FLGT  BK   DATE  TIME  FARE BASIS      NVB  NVA   BG
 SEL
 PAR KE        E    01MAY      EKXEKU               01MAY 1P
 SEL KE        E               EKXEKU               01MAY 1P

KRW  1500000       01MAY15SEL KE PAR735.72KE SEL735.72NUC
                   1471.44END ROE1019.400000
KRW   287200YR     XT KRW 6300IZ KRW 11000FR KRW 17800FR
KRW    28000BP
KRW    35100XT
KRW  1850300
TICKET STOCK RESTRICTION
BG CXR: KE/KE
PRICED WITH VALIDATING CARRIER KE - REPRICE IF DIFFERENT VC
200000 KRW PENALTY APPLIES
>                                                  PAGE  2/ 3
```

☞ 선택한 운임의 세부내역을 조회하기 위해 FQQ8로 조회하여 나온 결과이다. 출발일이 지정되어 조회된 것을 확인할 수 있다. Fare Basis상에 EKXEKU는 운임에서 중간성수기임을 나타내고 있다.

2) 승객유형의 지정

기본 지시어상의 승객유형은 성인기준으로 산출되도록 되어 있다. 조회하고자 하는 운임이 성인이 아니라면 운임조건에 맞는 승객유형코드(PTC)를 지정하여야 한다.

※ Passenger Type Code(PTC)

HE PTC(PTC 도움말), HE IAD(Discount Code 도움말)

Code	내용	Code	내용
ADT	Adult(어른)	GV	Group Inclusive Tour(그룹)
CH	Child(소아)	SC	Seaman(선원)
IN	Infant(유아)	SD	Student(학생)
EM	Emigrant(이민)	ZZ	Youth(청소년)
IT	Individual Inclusive Tour (개인 패키지)	ID	Air Industry Employee (항공사직원)
AD	Agent(대리점)	CG	Tour Conductor(여행인솔자)
CD	Senior Citizen(경로우대)	MM	Military(군인)

FQPICN/D1SEP/AKEBKK/D20SEP/AKEICN/RCH

출발일자 /항공사목적어/ Return일자/항공사와도착/소아지정

Entry 화면 1

```
> FQPICN/D1SEP/AKEBKK/D20SEP/AKEICN/RCH

FQPICN/D1SEP/AKEBKK/D20SEP/AKEICN/RCH

 * FARE BASIS *  DISC     *  PTC        * FARE<KRW>  * MSG   *T
01 RRT         * CH       * 1           *   3166100  *RB     *Y
02 PRT         * CH       * 1           *   2805900  *RB     *Y
03 FRT         * CH       * 1           *   2565500  *RB     *Y
04 JRT         * CH       * 1           *   1814600  *RB     *Y
05 CRT         * CH       * 1           *   1664500  *RB     *Y
06 IBIZKR      * CH       * 1           *   1514400  *RB     *Y
07 YRT+YLRTKE  * CH       * 1           *   1092200  *RB     *Y
08 YLRTKE      * CH       * 1           *    988100  *RB     *Y
09 ELEKS       * CH       * 1           *    553100  *RB     *Y
*6,9*RESTRICTIONS MAY APPLY/CHECK FQN
*6,9*TICKET STOCK RESTRICTION
>                                                  PAGE  1/ 1
```

승객유형코드는 CH-소아이며, 기준이 되는 운임 종류 코드 뒤에 CH로 표시되어 있다. 일반적으로 소아의 할인율은 어른 운임의 25% 할인이 된다.

FQPICN/D1SEP/AKEBKK/D20SEP/AKEICN/RIN

출발일자 /항공사목적어/ Return일자/항공사와도착/유아지정

Entry 화면 1

```
FQPICN/D1SEP/AKEBKK/D20SEP/AKEICN/RIN

 * FARE BASIS * DISC      * PTC         * FARE<KRW>  * MSG  *T
01 RRT        * IN        * 1           *    300300  *RB    *N
02 PRT        * IN        * 1           *    264300  *RB    *N
03 FRT        * IN        * 1           *    240300  *RB    *N
04 JRT        * IN        * 1           *    220200  *RB    *N
05 CRT        * IN        * 1           *    200200  *RB    *N
06 IBIZKR     * IN        * 1           *    180200  *RB    *N
07 YRT+YLRTKE * IN        * 1           *    123900  *RB    *N
08 YLRTKE     * IN        * 1           *    110000  *RB    *N
09 ELEKS      * IN        * 1           *     52000  *RB    *N
*6,9*RESTRICTIONS MAY APPLY/CHECK FQN
*6,9*TICKET STOCK RESTRICTION
>                                                PAGE  1/ 1
```

승객유형코드를 IN-유아로 지정하여 운임을 조회한 결과이다. 기준이 되는 운임 종류이다.

3) 구간별 Class 지정

FQPICN/D1SEP/AKE/CFNRT/D20SEP/AOZ/CCICN

CLASS F　　　　　CLASS C지정

Entry 화면 1

```
>

> FQPICN/D15SEP/AKE/CFNRT/D20SEP/AOZ/CCICN

FQPICN/D15SEP/AKE/CFNRT/D20SEP/AOZ/CCICN

 * FARE BASIS *  DISC     *  PTC        * FARE<KRW>  * MSG  *T
01 FRT+CRT    *           * 1           *   1191400  *      *Y
>                                                  PAGE   1/ 1
>

> FQQ1

FQQ1

01 FRT+CRT    *           * 1           *   1191400  *      *Y

LAST TKT DTE 15SEP14 - DATE OF ORIGIN
-------------------------------------------------------------
     AL FLGT  BK   DATE  TIME  FARE BASIS      NVB  NVA    BG
 SEL
 TYO KE       F    15SEP       FRT                  15SEP 3P
 SEL OZ       C    20SEP       CRT                  15SEP 30

KRW  1111600      15SEP14SEL KE TYO583.18OZ SEL Q24.00
                  483.22NUC1090.40END ROE1019.400000
KRW    25000YR    XT KRW 21400SW KRW 5400OI
KRW    28000BP
KRW    26800XT
KRW  1191400
BG CXR: KE/OZ
PRICED VC KE - OTHER VC AVAILABLE HR
```

☞ 구간별 탑승항공사를 반영하여 운임의 종류를 결정하고 구간별 상이한 Class를 지정하여 입력하여 조회할 수 있다.
9월 1일 출발 인천/동경 출발 편은 대한항공의 F class를 탑승하며, 돌아오는 여정은 9월 20일 아시아나 C class 탑승일 경우를 조회한 결과이다. FARE BASIS 상에 F왕복과 C왕복의 운임 1/2RT로 사용한 것이며, 운임란의 Booking class에도 잘 반영이 되어 있다.

4) 비항공 운송구간(Surface)의 지정

FQPICN/D1SEP/AKENRT--OSA/AOZICN

비항공 운송구간

Entry 화면 1

```
> FQPICN/D15SEP/AKENRT--OSA/D20SEP/AOZICN

FQPICN/D15SEP/AKENRT--OSA/D20SEP/AOZICN

 * FARE BASIS *  DISC    *  PTC        * FARE<KRW>  * MSG   *T
01 FRT        *          * 1           *   1192500  *RB     *Y
02 CRT        *          * 1           *   1006000  *RB     *Y
03 YRT        *          * 1           *    716700  *RB     *Y
AIRPORT FARES MAY APPLY AT :  HND /
>                                                PAGE  1/ 1
>

> FQQ3

FQQ3

03 YRT        *          * 1           *    716700  *RB     *Y

LAST TKT DTE 15SEP14 - DATE OF ORIGIN
-------------------------------------------------------------
    AL FLGT  BK   DATE  TIME  FARE BASIS       NVB  NVA   BG
 SEL
 TYO KE       Y   15SEP       YRT                   15SEP 1P
 OSA       S U R F A C E
 SEL OZ       Y   20SEP       YRT                   15SEP 20

KRW   636600         15SEP14SEL KE TYO328.57/-OSA OZ SEL Q24.00
                     271.87NUC624.44END ROE1019.400000
KRW    25000YR
KRW    28000BP
KRW    27100SW
KRW   716700
BG CXR: KE/OZ
PRICED VC KE - OTHER VC AVAILABLE HR
>                                                PAGE  2/ 2
>
```

☞ 승객의 여정상에 Surface(비항공 운송구간)가 발생할 경우 해당 위치에 - -(hypen 2번)를 입력한다. 탑승하지 않은 비항공 운송구간에 대한 부분을 각각 'Surface'와 '/-'로 표시하였다. '/-'의 경우는 각 구간을 운임마디로 분리하여 계산하였음을 의미한다. 대한항공과 아시아나의 무료수하물허용량(Baggage Allowance)이 각각 다름을 확인할 수 있다.

5) Stopover(중간체류)의 지정

FQPICN/D1SEP/AKEHKG-/ACXMNL-/ACXHKG/AKEICN

STOPOVER구간

Entry 화면 1

```
> FQPICN/D1OCT/AKEHKG-/ACXMNL-/ACXHKG/AKEICN

FQPICN/D1OCT/AKEHKG-/ACXMNL-/ACXHKG/AKEICN

 * FARE BASIS *  DISC    *  PTC        * FARE<KRW>  * MSG   *T
01 PRT+FRT    *          * 1           *   2879300  *RB     *Y
02 JRT        *          * 1           *   2352300  *RB     *Y
03 RRT+PRT    *          * 1           *   2260700  *RB     *Y
04 PRT        *          * 1           *   2129900  *RB     *Y
05 FRT        *          * 1           *   1955200  *RB     *Y
06 JRT        *          * 1           *   1810900  *RB     *Y
07 CRT        *          * 1           *   1665200  *RB     *Y
08 YRT        *          * 1           *   1201100  *RB     *Y
09 MLEKS1     *          * 1           *    893400  *RB     *Y
*9*RESTRICTIONS MAY APPLY/CHECK FQN
>                                              PAGE   1/ 1
>

> FQQ9

FQQ9

09 MLEKS1     *          * 1           *    893400  *RB     *Y

LAST TKT DTE 01OCT14 - DATE OF ORIGIN
-------------------------------------------------------------
     AL FLGT  BK   DATE  TIME  FARE BASIS      NVB  NVA    BG
 SEL
 HKG KE        M   01OCT       MLEKS1               01OCT 1P
 MNL CX        V               MLEKS1               01OCT 20
XHKG CX        V               MLEKS1               01OCT 1P
 SEL KE        M               MLEKS1               01OCT 1P

KRW    696000       01OCT14SEL KE HKG CX MNL Q5.80 5M335.56CX
                    X/HKG KE SEL Q5.80 5M335.56NUC682.72END
KRW    137000YR     ROE1019.400000
KRW     28000BP
KRW     32400HK
KRW    893400
```

☞ 승객의 여정에 중간체류구간 지점 뒤에 -(Hypen)을 정하면 stopover로 간주한다. 또한, stopover 구간이 아닌 지점(x mark)인 지점은 -(hypen)을 별도로 지정하지 않으면 stopover가 아닌 경유(Transfer)로 간주하여 tax 및 각종 charge를 받지 않는다.

6) 복수조건 지정

예 1)

	SEL	
KE	LON	C
	X	
CX	PAR	Y
KE	X/HKG	Y
	SEL	

FQPICN/D1AUG/AKE/CC/VTSLON---CDG-/D10AUG/ACX/CYHKG/AKEICN

☞ FQP 기본 지시어

ICN: 출발지

D1AUG: 출발일

AKE/CC: 대한항공의 C(Business 등급) 탑승조건

VTSLON: 런던의 여정방향(Global Indicator) TS 조건

---: Surface(비항공 운송구간)이며, Stopover 지정표시

CDG-: Paris에서 Stopover 지정

D10AUG: 돌아오는 여정의 출발일

ACX/CYHKG: 홍콩행 에어프랑스(CX)의 Y(Economy 등급) 탑승조건
HKG에서는 Stopover가 아니며 경유지임을 표시

AKEICN: 서울로 돌아오는 여정

상기 조건으로는 출발일자 지정, 구간별 탑승 항공사 지정, 비항공 운송구간 지정, Stopover를 지정하여 운임을 산출할 수 있다.

FQPICN/D1AUG/AKE/CC/VTSLON---CDG-/D10AUG/ACX/CYHKG/AKEICN

파일 다음으로 이동 설정 MASK 국내선MASK UMS 도움말

예약 파일 생성 | 새 Entry 페이지 | Profile 생성

이름, 레퍼런스 등으로 예약 파일 | 검색 | 고급검색 | Smart Flow ▾

Entry 화면 1

```
FQPICN/D1AUG/AKE/CC/VTSLON---CDG-/D10AUG/ACX/CYHKG/AKEICN

 * FARE BASIS *  DISC     *  PTC        * FARE<KRW>  * MSG  *T
01 CWRT+YRT   *           * 1           *   8866600  *      *Y
*ATTN CHANGE TO NO STOPOVER MAY VARY FARE
>                                                  PAGE  1/ 1

> FQQ1

FQQ1

01 CWRT+YRT   *           * 1           *   8866600  *      *Y

LAST TKT DTE 01AUG20 - DATE OF ORIGIN
-------------------------------------------------------------
     AL FLGT  BK   DATE  TIME  FARE BASIS      NVB  NVA   BG
 SEL
 LON KE        C    01AUG       CWRT                01AUG 2P
 PAR      S U R F A C E
XHKG CX        Y    10AUG       YRT                 01AUG 30
 SEL KE        Y                YRT                 01AUG 30

KRW  8608100       01AUG20SEL KE LON2910.39//PAR CX X/HKG M
                   PARHKG4064.88KE SEL404.93NUC7380.20END ROE
KRW   138900-YR    1166.369597
KRW    28000-BP    XT KRW 37600-QX KRW 5900-I7 KRW 10800-FR
KRW    91600-XT    KRW 15100-FR KRW 3900-O4 KRW 10700-G3 KRW
KRW  8866600       7600-I5
BAG/SEAT/SERVICES AT A CHARGE MAY BE AVAILABLE-ENTER FXK
BG CXR: KE/2*CX
>                                                  PAGE  2/ 3
```

7) 자주 사용하는 Option별 입력 지시어

요청 내용	Option	위치	예제
기본 조회	전 여정 (공항/도시 코드) 입력		FQPICNNRTICN
항공사 지정	/AJL	해당 도시 사이	FQPICN/AJLNRT/AKEICN
전구간 동일 항공사 지정	/OAF	ENTRY의 마지막	FQPICNFCOCDGFCOICN/OAF
출발 날짜 지정	/D1MAR	해당 도시 사이	FQPICN/AKE/D1MARLHR/ABACDGICN
Booking Class 지정	/CF	해당 도시 사이	FQPICN/CFCDG
Fare Break Point 지정	/B	해당 도시 앞	FQPICN/BCDGLHRFRA
운임분리지점 강제 미지정	/N	해당 도시 앞	FQPICN/NCDGLHRICN
여정지표(GI) 지정	/VTS	해당 도시 사이	FQPICN/VTSCDG
할인운임 코드 지정	/RCH	ENTRY의 마지막	FQPICN/AKENRT/AKEICN/RCH
단체(Group Fare) 지정	/RGV	ENTRY의 마지막	FQPICN/AKELHRICN/RGV
	/RGV-CH		FQPICN/AKELHRICN/RGV-CH
	/RGV-CG00		FQPICN/AKELHRICN/RGV-CG00
	/RGV-CG50		FQPICN/AKELHRICN/RGV-CG50
IT Fare 지정	/RIT	ENTRY의 마지막	FQPICN/AKELHRICN/RIT
	/RIT-CH		FQPICN/AKELHRICN/RIT-CH
승객 Type Code 지정	/RMIL	ENTRY의 마지막	FQPICN/AKENRTICN/RMIL
발행지 지정	/R,TYO	ENTRY의 마지막	FQPICN/AKENRTICN/R,TYO
Stopover Point 지정	-	해당 도시 뒤	FQPICN/AKECDG-LHR-CDGICN
Surface Sector 지정	- -	해당 도시 사이	FQPICN/AKECDG--AMSICN
Tax 면제 지정	/R,ET	ENTRY의 마지막	FQPICN/AKENRTICN/R,ET
Tax 제외 지정	/R,WT	ENTRY의 마지막	FQPICN/AKENRTICN/R,WT
Lowest Price 지정	/L	ENTRY의 마지막	FQPICN/AKEHKG/AKEICN/L

연습문제

1. 다음 여정을 주어진 조건대로 계산 후 TOTAL NUC를 적으시오.

조건: 일반석, 1년 왕복, 11월 10일 출발 (예: 1234.56)

```
SEL
DXB   KE
CAI-  EK
SEL   KE
```

2. 다음 여정을 주어진 조건대로 계산 후 TOTAL NUC를 적으시오.

조건: 일반석, 7월 7일, tax 제외

```
   SEL
X/ OSA    KE
   SYD    QF
```

3. 다음 여정을 주어진 조건대로 계산 후 TOTAL NUC를 적으시오.

조건: 5월 20일 출발, 1년 체류, 일반석 탑승, tax 제외
(정답은 숫자로만 표기하시오. 예: 1234.56)

```
  SEL
X/PAR    KE
  NCE-  AF
   X
  PAR  -AF
  SEL
```

4. 다음 여정을 주어진 조건대로 계산 후 TOTAL NUC를 적으시오.

조건: 오늘 출발, 일반석 탑승, tax 제외
(정답은 숫자로만 표기하시오. 예: 1234.56)

```
  SEL
X/BKK   TG
  DXB - EK
   X
  TLV    AZ
  ROM
```

5. 다음 여정을 주어진 조건대로 계산 후 TOTAL NUC를 적으시오.

조건: 오늘 출발, 일반석 탑승, tax 제외
(정답은 숫자로만 표기하시오. 예: 1234.56)

```
  SEL
X/TYO   KE
  AKL- NZ
```

6. 다음 여정을 계산 후 TOTAL NUC를 적으시오.

조건: 12월 20일 출발/1년 체류/tax 제외

```
SEL
BJS -  KE(c/class)
SEL    CZ(y/class)
```

7. 다음 여정을 주어진 조건대로 계산 후 TOTAL NUC를 적으시오.

조건: Y CLS, 오늘 출발

SEL
X/ DXB KE
JNB EK

CHAPTER 7

마일리지 제도(Mileage System)의 이해

1 마일리지 제도의 이해

항공여정은 출발지점으로부터 목적지까지의 단순편도 또는 단순왕복의 여행 형태가 있는가 하면, 최초출발지와 최종목적지 사이에 중간 지점을 경유하는 여정의 형태도 있다. 중간지점을 경유하는 여정의 경우 총운임의 산출방법에 있어서 가장 단순한 방식은 구간별로 운임을 더하는 것이다. 예를 들어, SEL/OSA/TYO의 운임을 산출한다고 가정해보자.

SEL-OSA-TYO 구간의 여정을 가진 승객의 여정을 전체 운임을 산정하기 위해 각 구간별 운임을 더한다면 다음과 같은 방식으로 산출된다.

우선, SEL-OSA 구간 공시운임을 FQDSELOSA/AKE/R, NUC로 조회 후, OSA-TYO 구간의 공시운임을 FQDOSATYO/AJL/R, NUC로 조회하여 전구간의 운임의 합을 더하게 된다.

아래의 응답화면처럼, SEL-OSA 구간의 운임은 NUC 299.09이며, OSA-TYO 구간의 운임은 249.43으로 조회되었다. 이렇게 각 구간별 운임을 조회 후 운임을 더한 합은 548.52이다. 따라서 SEL/OSA/TYO 구간의 운임은 NUC 548.52가 된다. 이를 KRW로 환산하여 지불하게 된다. 이렇게 각 구간별 운임을 더한 값으로 전체 여정의 운임을 사용하는 것은 가장 단순하고 쉬운 방법일 수 있지만 여행구간이 많아지는 경우 전체 운임의 값이 한없이 증가하게 되어 상당히 비싼 요금을 지불하게 된다. 항공운임의 계산은 이러한 특성을 고려하여 항공운임을 계산하는 방법을 고안하게 되었다.

마일리지 제도는 이러한 단순 방식의 운임 구성에서 좀 더 저렴하면서 효율적인 운임을 산정하기 위해 보완정책을 사용하여 항공운임을 구성하도록 하고 있다.[4]

일반적으로 항공운임을 계산하는 방법에는 거리제도에 따른 Mileage System과 경유지와 경유항공사를 기준으로 계산하는 Routing System이 있다.

Entry 화면 1

```
06AUG14**06AUG14/KE SELOSA/NSP;EH/TPM    525/MPM    630
LN FARE BASIS    OW    NUC RT B PEN  DATES/DAYS  AP MIN MAX  R
07 FRT    967.92            F  -    -    -    -   -   -    M
08 COW           441.14     C  -    -    -    -   -   -    M
09 JRT                882.28 J -    -    -    -   -   -    M
10 CRT                802.04 C -    -    -    -   -   -    M
11 IBIZKR             721.88 I +    -    -    + 3 -   6M  +R
12 YOW          299.09      Y  -    -    -    -   -   -    M
13 BHOWKJ        284.18     B  +  S25JUL  16AUG -  -   -    R

FQDOSATYO/AJL/R,NUC
GK  NH  ZH                         TAXES NOT INCLUDED
ROE 102.4560 UP TO 1.00 JPY
06AUG14**06JAN20/JL OSATYO/NSP;EH/TPM   280/MPM .....
LN FARE BASIS     OW     NUC  RT   B PEN  DATES/DAYS   AP MIN MAX
R
01 FHJL       321.72    643.44   F  -  S04JUL  31AUG+ -  -   -  R
02 JHJL       258.47    516.94   J  -  S04JUL  31AUG+ -  -   -  R
03 YHJL       249.43    498.86   Y  -  S04JUL  31AUG+ -  -   -  R
04 YHJL1      249.43    498.86   Y  -  S04JUL  31AUG+ -  -   -  R

>
```

4) 항공운임과 발권의 기초(2010), 아시아나애바커스, p.65.

2 마일리지 제도(Mileage System)의 적용

Mileage System은 승객이 여행한 거리를 바탕으로 요금이 결정되는 방식이며, 요금계산 시에는 실제이용거리(TPM)와 최대허용거리(MPM)를 비교하여 출발지에서 목적지 운임을 그대로 적용하거나 초과되는 경우에 초과거리할증(EMS)을 하는 형태로 운임적용을 산출하는 방법이다. 거리제도에 의한 계산 방식에서 이동거리의 합이 짧은 여정이 이동거리의 합이 긴 여정보다 운임이 저렴하게 책정될 수 있다.

1) 마일리지 제도의 3요소

(1) 발권구간거리 TPM(Ticketed Point Mileage)

① 여행구간별 실제이동거리를 말하며, 이의 합계를 산출하여 최대허용거리인 MPM과 비교하게 되며, TPM은 항공편이 운항중인 구간에만 설정되어 있다.

② 실제 여정의 구간별 방향지표(GI)에 해당하는 TPM을 적용한다.

(2) 최대허용거리 MPM(Maximum Permitted Mileage)

① 출발지에서 최종목적지인 두 도시 간의 공시운임을 사용할 수 있는 최대허용거리를 의미한다.

② 실제여정의 GI에 해당하는 MPM을 적용한다.

③ 일반적으로 최대허용거리(MPM)는 도시 간의 실제이동거리인 TPM보다 약 1.2배 정도로 설정되어 있어, 출발지에서 목적지 사이의 중간도시를 경유할지라도 중간이동거리에 따라서는 추가운임을 지불하지 않고도 동일한 운임으로 사용할 수 있도록 구성되어 있다.

(3) 초과거리할증 EMS(Excess Mileage Surcharge)

출발지에서 최종 목적지 사이에 중간도시들을 경유하거나 또는 멀리 우회하는 중간지점을 포함하게 되는 경우 출발지에서 최종 목적지까지의 MPM보다 각 구간의 TPM의 합계가 더 많아지는 경우가 발생하게 된다. 승객이 실제 이동한 거리인 총 TPM의 합이 출발지와 최종 목적지 사이에 설정되어 있는 최대허용거리인 MPM의 합보다 크게 될 경우에는 출발지와 목적지 간에 설정되어 있는 공시운임을 그대로 사용할 수 없다. 이러한 경우, 출발지에서 목적지까지의 운임으로는 승객이 여행할 수 없고, 추가운임을 지불해야 하며, 이때 적용하는 일정 비율의 할증률을 초과거리할증(Excess Mileage Surcharge) EMS라 한다.

① 운임할증은 할증비율이 5%, 10%, 15%, 20%, 25%까지 허용되며, 25%를 초과하는 경우 출발지와 목적지 사이의 공시운임을 할증하여 사용할 수 없다. 이러한 경우는 각 구간별 공시운임을 더하는 방식을 사용해야 한다.

② 초과거리할증은 각 구간별 공시운임을 더하여 운임을 산출하는 것보다 마일리지를 비교하여 출발지와 목적지 간의 공시운임을 할증하여 계산하는 것이 총 운임을 산정하는 데 있어서 더 저렴하게 책정된다.

할증률을 결정하는 방법은 할증률 Factor를 구한 뒤 아래 기준에 따라 할증률을 표시하고, 최종적으로 운임의 할증여부를 적용하게 되는데 0M에서 최대 25M까지 할증을 허용하고 있다.

초과거리 할증률 = Total TPM ÷ MPM × 100

거리초과 비율	운임할증률	표시	운임적용
0% 초과 5% 이하	5%	5M	해당 운임 x 1.05
5% 초과 10% 이하	10%	10M	해당 운임 x 1.10
10% 초과 15% 이하	15%	15M	해당 운임 x 1.15
15% 초과 20% 이하	20%	20M	해당 운임 x 1.20
20% 초과 25% 이하	25%	25M	해당 운임 x 1.25
25% 초과	운임마디를 나누어 계산		

☞ 계산방법의 예

출발지/목적지 운임 NUC 1362.45

MPM: 13472MILE/ TOTAL TPM: 15128 MILE

EMS의 계산: 15128(TPM) ÷ 13472(MPM) = 1.1303

→ 0.1303 × 100 = 13.03%

13.03%는 거리초과 비율이 10~15%이며, 운임할증률 15%에 해당되므로 15M이라 부른다. 이때 NUC 1362.45 × 1.15 = 1,566.82가 된다.

할증률이 5M이면 출발지/목적지 운임에 1.05를 곱하여 운임을 산출하며, 25M을 초과하는 경우에는 더 이상 출발지/목적지 운임을 할증하여 사용할 수 없고 중간의 한 도시를 선정하여 운임마디를 나누어 계산하여야 한다.

☞ EMS의 개념 정리

TPM > MPM = EMS

TPM ≦ MPM = 초과할증 없이 경유지가 있어도 최종목적지까지 운임 그대로 적용

운임마디(Fare Component)

운임 계산 시, 하나의 운임이 적용되는(즉, 할증률이 25M 이내인) 여러 구간의 집합을 운임마디라 하며 이때 적용한 운임을 Through Fare라 한다.

하나의 여정을 몇 개의 운임마디로 나누든지 관계없으나, 일반적으로 운임마디 개수를 가능한 적게 구분하면 적을수록 전체운임이 낮아지게 되므로 최저운임을 산출하기 위해서는 운임마디의 수를 줄이는 것이 바람직하다.

운임분리지점(Fare Break Point)

운임마디와 운임마디가 만나는 도시를 의미하며, 운임마디를 나누는 지점이 운임분리지점이 된다. Fare Break Point는 왕복여정이나 일주여정의 경우 출발지에서 가장 먼 지점이나 운임이 가장 높은 지점을 선정하게 되며, 편도여정의 경우에는 여정의 방향이 바뀌는 지점을 선정한다.

예〉 SEL-TPE-HKG-SIN-TYO-SEL의 여정에서 운임마디는 SEL-TPE-HKG-SIN과 SIN-TYO-SEL의 두 개로 구분할 수 있으며 운임분리지점은 SIN이 된다.

마일리지 할증여부를 확인하여 전체 여정이 EMS 범위 내에 포함된다면 이런 경우 하나의 운임마디로 계산될 수 있게 되며, 결과적으로 더욱 저렴한 운임을 적용할 수 있다.

3 마일리지(MILEAGE) 조회(HE FQM)

최대 29개 도시까지 Mileage 확인이 가능하며, 날짜, GI(Global Indicator), 비항공 운송구간 등의 option 또한 Entry에 포함하여 조회할 수 있다.

1) 기본 지시어: FQM

FQMSELHKGMNL

Entry 화면 1

```
> FQMSELHKGMNL


FQM    SEL    HKG    MNL

CTY   DC   TPM   CUM   MPM   DC LVL  <HGL  >LWL   25M  XTRA
SEL  3
HKG  3  EH  1295  1295  1554   EH   0M    259     0  1942     0
MNL  3  EH   712  2007  1952   EH   5M     42    55  2440     0
>                                               PAGE   1/ 1
>
```

맨 아래 줄은 누적값으로 DC(= GI)는 방향지표 EH를 표시하고, LVL은 마일리지 초과 할증률을 나타낸다.

SELHKGMNL 구간에서는 TPM의 합이 2007로 MPM1952를 5%만큼 초과하여 5M으로 표시되어 있다. CUM은 구간별로 누적된 TPM의 합을 나타낸다.

☞ 최종적으로 EMS가 5M으로 전체운임을 산정하는 데 있어 출발지에서 최종 목적지까지의 공시운임을 구하여 5M에 해당하는 할증, 즉 기준 공시운임이 × 1.5배를 적용하여 사용할 수 있다.

3) Mileage System의 기본 적용절차

① 출발지/목적지의 Fare Break Point를 정하고, 공시운임(NUC)을 확인한다.

- 운임조회 Entry 'FQD' 사용

② 출발지/목적지의 MPM과 여정 간의 각 구간 TPM을 찾아 TOTAL TPM을 구한다.

③ MPM과 TOTAL TPM을 비교하여

- TOTAL TPM ≦ MPM → 운임 그대로
  (MPM이 TPM보다 크거나 같으면 출발지에서 목적지의 운임을 그대로 적용한다.)
- TOTAL TPM > MPM → EMS
  (MPM이 TPM보다 작으면 초과거리 할증에 따라 할증을 구한 후, 출발지에서 목적지 운임에 할증을 적용한다.)

④ 계산된 NUC 운임을 출발지 국가의 ROE를 곱하여 출발지 통화로 환산한다. NUC × ROE = 출발지 통화

- 통화변환 Entry 'FQC' 사용

예 1) SEL-BKK-SIN

① SEL/SIN 운임 KRW832000 /NUC816.16
FQDSELSIN/R, NUC로 조회
FQMSELBKKSIN로 Mileage 조회

② 출발지에서 목적지(SEL/SIN) MPM 3459 (EH)

③ TOTAL TPM ; 3175 SEL/BKK TPM 2286 (EH)
BKK/SIN TPM 889 (EH)

④ SEL/SIN MPM 3459 > TOTAL TPM 3175인 경우이므로 SEL/SIN 직행 운임을 그대로 적용한다.

⑤ NUC × ROE을 환산하여 출발지국 통화로 계산한다.

NUC 816.16 × ROE 1091.40 = KRW756300

FQC816.16NUC/KRW로 조회할 수 있다.

예 2) SEL-HKG-KUL-ZRH

① SEL/ZRH 운임 KRW2267600 /NUC2224.44

SEL에서 HKG을 경유하여 목적지 ZRH까지의 EH 여정이므로 운임 조회도 EH로 조회해야 함.

FQDSELZRH/R, NUC/VEH

② 출발지에서 목적지(SEL/ZRH) MPM 8341 (EH)

FQMSELHKGKULZRH로 조회

③ TOTAL TPM: 9081 SEL/HKG TPM 1295 (EH)

HKG/KUL TPM 1572 (EH)

KUL/ZRH TPM 6214 (EH)

④ SEL/ZRH MPM 8341 < TOTAL TPM 9342인 경우이므로 할증수치를 구하여 운임을 할증한다.

9081 ÷ 8341 = 1.0887······(10% 할증)

적용: SEL/ZRH NUC 2224.44 × 1.10 = NUC2,446.88

⑤ NUC × ROE을 환산하여 출발지국 통화로 계산한다.

NUC 2446.88 × ROE 1019.40 = KRW2494400

FQC2446.88NUC/KRW로 조회

★ SEL-HKG-KUL-ZRH 구간 FARE SYSTEM을 사용한 운임계산 과정

단계	입력 지시어 (Entry)	조회결과
1단계	FQDSELZRH/R,NUC/VEH	07AUG14**07AUG14/YY SELZRH/NSP;EH/TPM ...../MPM 8341 LN FARE BASIS OW NUC RT B PEN DATES/DAYS AP MIN MAX R 04 CIF 6501.76 + - - - - - - M 05 YIF 2224.44 + - - - - - - M 06 YIF 3422.10 + - - - - - - M 07 YEEIF6M 2388.36 +
2단계	FQMSELHKGKULZRH	FQM SEL HKG KUL ZRH CTY DC TPM CUM MPM DC LVL 〈HGL 〉LWL 25M XTRA SEL 3 HKG 3 EH 1295 1295 1554 EH 0M 259 0 1942 0 KUL 3 EH 1572 2867 3440 EH 0M 573 0 4300 0 ZRH 2 EH 6214 9081 8341 EH 10M 94 323 10426
3단계	계산	2224.44 × 1.10 = 2,446.88
4단계	FQC2446.88NUC/KRW	FQC2446.88NUC/KRW CONVERSION OF NUC TO KRW KRW 2494400 - ROUNDED AS FARES KRW 2494349 - AMOUNT TRUNCATED ROE USED 1 NUC = 1019.400 KRW EFF 01AUG14 ROUNDING OF FARES UP TO 100 KRW NUC - NEUTRAL UNIT OF CONSTRUCTION KRW - S.KOREAN WON 〉

예 3) SEL-SIN-DEL-JED (Y/CLS)

① SEL/JED 운임 KRW1486900/NUC 1186.98

② 출발지에서 목적지(SEL/JED) MPM 6261 (EH)

③ TOTAL TPM: 7881 SEL/SIN TPM 2883 (EH)

SIN/DEL TPM 2584 (EH)

DEL/JED TPM 2414 (EH)

④ SEL/JED MPM 6261 < TOTAL TPM 7881인 경우이므로 할증수치를 구하여 운임을 할증한다.

7881 ÷ 6261 = 1.258744……(25% 초과)

할증률이 25%를 초과하므로 하나의 운임마디로 계산하는 것은 불가능하다. 그러므로 25% 내의 지점을 선정하여 2개의 운임마디로 나누어 계산하여야 한다.

⑤ 운임마디별로 계산한다.

- 첫 번째 운임마디: SEL/SIN운임: KRW756300 /NUC603.75
- 두 번째 운임마디: SIN/JED운임: SGD4572.00 /NUC3147.17

출발지에서 목적지(SIN/JED) MPM5487 (EH)

TOTAL TPM: 4998 SIN/DEL TPM2584 (EH)

DEL/JED TPM2414 (EH)

SIN/JED MPM5487〉 TOTAL TPM4998인 경우이므로 SIN/JED직행 운임을 그대로 적용한다.

⑥ 각 운임마디의 운임을 합산하여 전체여정에 적용한다.

SEL/SIN NUC603.75 + SIN/JED NUC3147.17 = NUC3750.92

⑦ NUC × ROE을 환산하여 출발지국 동화로 계산한다.

NUC 3750.92 × ROE 1252.670000 = KRW4698700

예 4) 왕복 운임산출 SEL-HKG-MNL-DPS-BKK-SEL(Y/CLS)

여정에서 가장 먼 곳의 DPS를 FARE BREAK POINT로 정한다.
위의 운임마디와 아래의 운임마디를 별도로 산정하여 계산 후 합산한다.

```
SEL
HKG
MNL  ↓     1/2RT
DPS  —
BKK  ↑
SEL        1/2RT
```

SEL/HKG/MNL/DPS

① SEL/DPS 운임 FQDSELDPS/IL,H로 조회 후 846.18임을 알 수 있음.

② 출발지에서 목적지까지의 여정 SEL/MNL/HKG/DPS는 15M임을 확인한다.

③ NUC846.18 × 1.15 = NUC973.10

SEL/BKK/DPS

④ SEL/DPS 운임 조회한 운임이 846.18임을 알고 있음.

⑤ 돌아오는 여정의 SEL/BKK/DPS는 5M임을 확인한다.

⑥ NUC846.18 × 1.05 = NUC888.48

⑦ 처음에 구한 위의 운임마디 NUC973.10 + 아래 운임마디의 NUC888.48을 합산하면, 전체 NUC가 1861.58임을 알 수 있다.

⑧ 마지막으로 합산한 NUC 1861.58을 환율 계산하여 원화로 환산한다.

★ SEL-MNL-HKG-DPS 구간 FARE SYSTEM을 사용한 운임계산 과정

<table>
<tr><th>단계</th><th colspan="2">입력 지시어(Entry) 및 조회결과</th></tr>
<tr><td rowspan="2">1단계</td><td colspan="2">FQDSELDPS/IH,L
(/IH:NUC를 1/2RT값으로 Display, L;항공사 List 제외하고 Display)</td></tr>
<tr><td colspan="2">FQDSELDPS/IH,L
ROE 1019.400 UP TO 100.00 KRW
11AUG14**11AUG14/YY SELDPS/NSP;EH/TPM 3282/MPM 3938
LN FARE BASIS OW NUC RT B PEN DATES/DAYS AP MIN MAX R
01 F 1469.58 + - - - - - - M
02 C 1224.44 + - - - - - - M
03 Y 846.18 + - - - - - - M
04 YHEE1M 709.19 + - S17JUL 22AUG - 3+ 1M M
05 YHPX15 577.39 + P10 S17JUL 22AUG + 3+ 15 M</td></tr>
<tr><td rowspan="2">2단계</td><td colspan="2">FQMSELMNLHKGDPS</td></tr>
<tr><td colspan="2">FQMSELMNLHKGDPS

FQM SEL MNL HKG DPS

CTY DC TPM CUM MPM DC LVL <HGL >LWL 25M XTRA
SEL 3
MNL 3 EH 1627 1627 1952 EH 0M 325 0 2440 0
HKG 3 EH 712 2339 1554 EH EXC 0 397 1942 0
DPS 3 EH 2148 4487 3938 EH 15M 41 156 4922 0</td></tr>
<tr><td>3단계</td><td>계산</td><td>846.18 × 1.15 = NUC973.10</td></tr>
<tr><td rowspan="2">4단계</td><td colspan="2">FQMSELBKKDPS</td></tr>
<tr><td colspan="2">FQM SEL BKK DPS

CTY DC TPM CUM MPM DC LVL <HGL >LWL 25M XTRA
SEL 3
BKK 3 EH 2286 2286 2743 EH 0M 457 0 3428 0
DPS 3 EH 1848 4134 3938 EH 5M 0 196 4922 0
> PAGE 1/ 1</td></tr>
</table>

<table>
<tr><th>단계</th><th colspan="2">입력 지시어(Entry) 및 조회결과</th></tr>
<tr><td>5단계</td><td>계산</td><td>846.18 × 1.05 = NUC888.48
NUC973.10 + NUC888.48 =
TTL NUC1,861.58</td></tr>
<tr><td rowspan="2">6단계</td><td colspan="2">FQC1861.58NUC/KRW</td></tr>
<tr><td colspan="2">FQC1861.58NUC/KRW
CONVERSION OF NUC TO KRW
KRW 1897700 - ROUNDED AS FARES
KRW 1897694 - AMOUNT TRUNCATED
ROE USED 1 NUC = 1019.400 KRW EFF 01AUG14

ROUNDING OF FARES UP TO 100 KRW

NUC - NEUTRAL UNIT OF CONSTRUCTION
KRW - S.KOREAN WON
> PAGE 1/ 1</td></tr>
</table>

4 마일리지 제도(Milege System)의 보완

Mileage System의 규정은 여러 구간을 하나의 단위로 계산함으로써 항공여행의 특성에 부합하도록 한 것이지만, 실제 운임계산에 있어 여러 가지 불합리한 점이 발견됨에 따라 각종 보완규정을 두게 되었다.

1) 중간 높은 운임(Higer Intermediate Point Check: HIP)

(1) 중간 높은 운임의 정의

HIP이란 Mileage System에 따라 두 지점 간 설정된 공시운임 적용 시 출발지(Origin)에서 목적지(Destination) 운임보다 중간지점의 운임이 더 높은 경우에 생기는 운임상의 모순을 극복하기 위한 규정이다.

중간지점 운임과의 비교 후 중간지점의 운임이 출발지(Origin)에서 목적지(Destination) 운임보다 높으면 중간지점의 운임을 징수하는 것이다.

예 1) 서울에서 최종목적지보다 중간목적지까지의 운임이 높은 예

SEL-CAI-JED (OW)

〈A〉		〈B〉		☞ 확정운임	
SEL	M	SEL	M	SEL	M
ROM	KE	PAR	KE	PAR	SELPAR(HIP)
———	—	———	—	ROM	1645.01
NUC	1424.24	NUC	1645.01	———	———
				NUC	1645.01

SEL/PAR/ROM까지의 일정에서 SEL/ROM의 운임 NUC1424.24보다 SELPAR까지의 운임 NUC1645.01이 더 높기 때문에 SEL/PAR의 운임을 적용하고 Fare Calculation란에 EMS 표시 후 HIP이 발생한 SEL/PAR를 기재하여 HIP 운임이 적용되었음을 표시한다.

```
05 YOW          *          * 1          *    2021500   *RB    *Y

LAST TKT DTE 16FEB20 - DATE OF ORIGIN
------------------------------------------------------------------
     AL FLGT   BK   DATE  TIME  FARE BASIS       NVB  NVA    BG
 SEL
 PAR KE        Y    16FEB       YOW                   16FEB 1P
 ROM AZ        W                YOW                   16FEB 1P

KRW  1918700      16FEB20SEL KE PAR AZ ROM M SELPAR1645.01
                  NUC1645.01END ROE1166.369597
KRW    38400-YR   XT KRW 20000-BP KRW 1500-IZ KRW 5900-FR
KRW     7800-YQ   KRW 19200-FR KRW 2000-O4
KRW    56600-XT
KRW  2021500
BAG/SEAT/MEAL/SERVICES AT A CHARGE MAY BE AVAIL.-ENTER FXK
BG CXR: KE/AZ
PRICED VC KE - OTHER VC AVAILABLE HR AZ EY
ATTN* CHANGE TO NO STOPOVER MAY VARY FARE
>                                                  PAGE  2/ 2
```

(2) HIP Check방법 및 적용절차

① 출발지(Origin)와 도중체류지점(Stopover) 간의 운임

② 도중체류지점(Stopover)과 도중체류지점(Stopover) 간의 운임

③ 도중체류지점(Stopover)과 목적지(Destination) 간의 운임

☞ 여정구간의 운임을 비교하여 가장 높은 운임을 적용한다.

예 2) 서울에서 최종목적지보다 중간목적지에서 최종목적지까지의 운임이 높은 예

SEL-HKG-LON-PAR (OW) (Y/C L S)

☞ 확정운임

SEL	SEL	HKG	SEL	
HKG ↓	PAR	LON	HKG	M
LON	2681.73	3659.23	LON	HKGLON(HIP)
PAR			PAR	3659.23
				NUC 3659.23

SEL PAR 구간 공시운임 2224.44(GI:EH)

여정	구분	Check 구간	구간운임
SEL	출발지와 도중체류지점 간의 운임	SEL/LON	2681.73
HKG	도중체류지점과 도중체류지점 간의 운임	HKG/LON	3659.23(HIP 구간)
LON PAR	도중체류지점과 목적지 간의 운임	HKG/PAR	3420.00
☞ 따라서 중간운임이 가장 높은 지역인 HKG/LON 구간의 3659.23의 운임으로 상향징수			

★ HIP CHECK 시 초과거리할증(EMS)이 적용될 경우에는 HIP 구간 운임을 할증하여야 한다.

예 3) 초과거리할증이 적용된 예

SEL-BKK-SGN (OW) (Y/CLS)

FQMSELBKKSGN

조회 후 운임할증 5M임을 알 수 있다.

FQDSELSGN/AKE/R,NUC
FQDSELBKK/AKE/R,NUC

구 분	CHECK 구간	구간 운임
출발지와 목적지	SEL/SGN	NUC 601.52
출발지와 도중체류지점	SEL/BKK	NUC 649.62
도중과 도중체류지점	BKK/SGN	NUC 288.80

① 각 구간별로 운임을 조회 후 가장 운임이 높은 구간인 SEL/BKK 구간 운임을 (HIP 운임)으로 적용한다.
HIP 운임이 적용됨을 표시하기 위하여 Mile할증 표시 후에 출발지/목적지 운임이 아니라 가장 운임이 높은 구간(SELBKK)을 운임 계산 란에 기재한다. HIP 적용된 운임 NUC 649.62을 적용하였음을 표기한다.

② SEL/BKK 운임을 운임할증률에 따라 5M을 할증하여 준다. 운임계산란에 기재한다.
NUC 649.62 × 1.05 = NUC 657.16

③ TOTAL NUC를 기재한다. NUC657.16

④ 출발지국 통화로 환산하기 위하여 발권일의 ROE1166.36을 곱한다.

```
LAST TKT DTE 16FEB20 - DATE OF ORIGIN
-------------------------------------------------------------
     AL FLGT  BK   DATE  TIME  FARE BASIS      NVB  NVA   BG
 SEL
 BKK KE        Y   16FEB       YOW                 16FEB 1P
 SGN KE        Y               YOW                 16FEB 1P

KRW   766500       16FEB20SEL KE BKK KE SGN5M SELBKK657.16NUC
                   657.16END ROE1166.369597
KRW    21600-YR    XT KRW 1400-E7 KRW 1400-E7 KRW 600-G8 KRW
KRW    28000-BP    26700-TS
KRW    30100-XT
KRW   846200
BAG/OTHER SERVICES AT A CHARGE MAY BE AVAILABLE-ENTER FXK
BG CXR: KE/KE
PRICED VC KE - OTHER VC AVAILABLE HR
ATTN* CHANGE TO NO STOPOVER MAY VARY FARE
>                                                PAGE  2/ 3
■
```

예 4) 왕복일 경우 HIP Check는 해당 운임마디의 운임적용방향에 따라 실시

SEL-OSA-KUL-SEL (Y/CLS)

FQDSELOSA/AKE/IH,L의 지시어를 사용하여 운임을 조회한다.

FROM/TO		
SEL	CAR	FARE
↓ OSA	KE	5M
KUL–		OSAKUL894.64
↑ SEL		M
		648.42
ROE 1166.36		
TTL	NUC 1543.06	
FARE	KRW 1,799,800	
TOTAL 1,799,800		

구간	운임	지시어
SEL/OSA	237.61	FQDSELOSA/AKE/IH,L
OSA/KUL	852.04	FQDOSAKUL/AKE/IH,L
SEL/KUL	648.42	FQDSELKUL/AKE/IH,L

HIP Check는 운임적용방향에 따라 실시하므로 SEL/OSA, OSA/KUL, SEL/KUL의 운임을 적용할 때 1/2RT 운임으로 조회하여 적용한다.

OW 운임은 OW 운임과, 1/2RT 운임은 1/2RT 운임과 비교하여야 한다.

위의 여정은 1/2RT 운임을 사용하는 여정이므로 HIP CHECK 시에도 1/2RT 운임으로 비교한다. 따라서 운임산출 시 FQDSELKUL/IH,L로 조회한다.

★ Normal Fare HIP Check 적용절차의 정리

① 운임마디 구분 및 사용운임을 결정(OW 혹은 1/2RT Fare)한다.

② 해당 운임마디별 TPM과 MPM을 비교하고, 초과거리할증(EMS)을 확인한다.

③ 해당 운임마디별 출발지에서 목적지 운임을 확인한다.

④ HIP Check 발생여부를 확인한다.

⑤ HIP이 발생한 경우 항공권의 운임계산란에 HIP이 발생한 구간을 표기하고, HIP 구간의 운임을 적용한다.

⑥ 초과거리할증(EMS)을 적용하는 운임마디의 운임은 HIP 구간의 운임에다가 할증률을 곱한다.

⑦ Secondary Fare(Y2, YO2….)는 rule check 후 사용 가능하다. (이때 Stopover Charge 등은 징수하지 않는다.)

```
LAST TKT DTE 17FEB20 - DATE OF ORIGIN
------------------------------------------------------------
    AL FLGT  BK   DATE  TIME  FARE BASIS      NVB  NVA   BG
 SEL
 OSA KE       Y    17FEB      YRT                  17FEB 1P
 KUL KE       Y               YRT                  17FEB 1P
 SEL KE       Y               YRTKE                17FEB 1P

KRW  1799800      17FEB20SEL KE OSA KE KUL5M OSAKUL894.64KE
                  SEL648.42NUC1543.06END ROE1166.369597
KRW    32400-YR   XT KRW 20900-MY KRW 300-H8
KRW     5800-G1
KRW    21200-XT
KRW  1859200
BAG/OTHER SERVICES AT A CHARGE MAY BE AVAILABLE-ENTER FXK
BG CXR: KE/KE/KE
PRICED VC KE - OTHER VC AVAILABLE HR
```

★ 운임의 HIP CHECK는 운임마디별로 실시하여야 한다. 또한 비항공 운송구간에서는 비항공 운송구간을 제외하고 운임마디를 나누어 계산한다.

2) 우회 여행 제한(Limitation on Indirect Travel)

우회여행이란 출발지로부터 도착지까지 여행하는 도중에 동일한 도시를 두 번 이상 경유하거나 또는 체류하는 여정을 의미한다.

한 운임마디의 출발지나 목적지를 재경유해야 하는 경우 하나의 운임마디로 계산할 수 없고, 운임마디를 나누어 계산하여야 한다.

- 방법 1: Side Trip으로 분류하여 계산한다.
- 방법 2: 동일 지점이 한 운임마디 내에 들지 않도록 두 개 이상의 운임마디로 나누어 계산한다.

★ 단, Side Trip 계산방법에 있어서는 아래 사항을 유의하여 적용해야 한다.

① 운임적용 방향: Side Trip 자체를 별개의 여정으로 간주하여 적용한다.

② 적용운임: 전체 여정의 적용운임과는 무관하며 Side Trip 자체 여정의 종류에 해당하는 OW Fare 또는 1/2RT Fare를 선택하여 적용한다.

☞ Side Trip이란?
한 운임마디 내에서 동일 지점을 두 번 경유하게 되는 경우 동일 시점에서 출발/도착이 발생하는 여정을 별개의 여정으로 구분하게 되는데, 이런 여정을 Side Trip이라고 한다.

예) 한 운임마디의 출발지나 목적지를 재경유할 경우

SEL-PUS-SEL-PAR-FRA(Y,OW)

```
  SEL
  PUS - KE 66.02  YKE
X/SEL   KE
  PAR   KE   M
  FRA   LH  1784.85 YOW
```

예) 동일 지점에서 2회 이상 도중체류(Stopover)하는 경우

SEL-HKG-BKK-HKG-SIN-ATH-ROM(Y, OW)

```
SEL          ① 기본 운임마디     ② SIDE TRIP 운임마디
HKG ┐           SEL
BKK │           HKG                      HKG
HKG ┘    →      SIN  │ OW        +       BKK ↓  1/2RT
SIN             ATH  │ SINATH            HKG ↑
ATH             ROM  │
ROM                  ↓
      HKG/BKK/HKG NUC 457.24 + NUC 457.24 = 914.48
```

HKG-BKK-HKG 구간을 Side Trip으로 계산한 운임은 NUC914.48이고, Side Trip 구간을 제외한 기본 여정의 운임은 7,653.28이므로 전체 운임의 합은 NUC8567.76이 된다. 아래에서 보면 Side Trip으로 구분된 여정이 ( )로 표시되어 있음을 알 수 있다. 따라서 이런 여정의 경우 한번에 티켓팅을 하거나 Side trip 발생구간을 별도로 발권을 하여야 한다.

```
LAST TKT DTE 15FEB20 - DATE OF ORIGIN
------------------------------------------------------------
     AL FLGT  BK   DATE  TIME  FARE BASIS      NVB  NVA   BG
 SEL
 HKG CX        Y   15FEB       YOW3                       30
 BKK CX        Y               YRT                        30
XHKG CX        Y               YRT                        30
 SIN CX        Y               YOW3                       30
 ATH CX        Y               YOW                        30
 ROM CX        Y               YOW                        30

KRW  9993200        15FEB20SEL CX HKG(CX BKK457.24CX X/HKG
                    457.24)CX SIN M1048.12CX ATH CX ROM M
KRW   119400-YR     SINATH6605.16NUC8567.76END ROE1166.369597
KRW     3000-YR     XT KRW 28000-BP KRW 21400-G3 KRW 15400-I5
KRW   125600-XT     KRW 1400-E7 KRW 1400-E7 KRW 600-G8 KRW
KRW 10241200        26700-TS KRW 2600-L7 KRW 5200-SG KRW 16400
>                                                  PAGE  2/ 3
■
```

연습문제

1. 다음 중 마일리지 제도의 3요소가 아닌 것은?

1) EMS 2) EXC

3) TPM 4) MPM

2. 다음 여정의 최대허용거리(MPM)는?

여정: SEL-BKK-DEL

3. 다음 여정 전체를 하나의 운임마디(Through Fare)로 계산 가능한지, 불가능한지 고르시오.

여정: SEL/MNL/HKG/DPS

1) 가능 2) 불가능

4. HIP CHECK는 운임마디 내 도중체류지점 존재 시 체크하는 마일리지 보완규정이다. 출발지-목적지 운임과 비교하여 발생하는 출발-도중, 도중-목적, 도중-도중 3지점의 운임 중 가장 높은 운임을 말한다.

1) O 2) X

5. 다음은 마일리지 제도의 운임 산출 방식을 설명한 내용이다. 빈칸에 들어갈 말을 올바르게 짝지은 것은 어느 것인가?

> 마일리지제도, 즉 거리제도는 승객이 출발지로부터 중간지점을 경유하여 목적지까지 이동하는 경우 실제로 여행한 거리인 (　　)의 합과, 출발지, 목적지 사이에 설정되어 있는 최대허용거리인 (　　)를 비교하여 운임의 할증여부를 결정하여 산정하는 방식을 말한다.

1) TPM-MPM
2) MPM-TPM
3) CUM-MPM
4) TPM-CUM

6. 다음 여정에 대한 할증률 계산 결과를 보고 알맞은 내용을 고르시오.

Entry 화면 2

```
> FQMSELMNLSIN

 FQM    SEL    MNL    SIN

 CTY    DC    TPM    CUM    MPM   DC  LVL   <HGL   >LWL    25M   XTRA
 SEL  3
 MNL  3  EH   1627   1627   1952   EH   0M    325      0   2440       0
 SIN  3  EH   1476   3103   3459   EH   0M    356      0   4323       0
 >                                                       PAGE   1/  1
```

1) SEL-SIN 구간의 최대허용거리는 3103이다.
2) SEL-MNL 구간의 발권구간거리는 1952이다.
3) 상기 결과에 따르면 전체 여정에 대한 공시운임은 SEL-SIN 구간의 공시운임과 동일하게 사용할 수 있다.
4) 할증률 계산을 위해 비교하는 값은 발권구간거리의 합인 1476과 SEL-SIN 간의 최대허용거리인 3459를 뺀 값이다.

7. (   )이란, 출발지와 목적지 간의 공시운임을 기준으로 운임을 계산하게 되지만, 경우에 따라서는 출발지와 목적지 간의 운임보다 중간지점의 운임이 더 높을 수 있다. 이와 같은 경우에도 중간지점의 높은 운임을 무시하고 출발지와 목적지 간의 운임을 적용한다면 불합리하게 될 것이다. 이러한 불합리를 보완하는 규정으로 고안되었다.

8. 다음의 주어진 조건을 이용하여 마일리지 할증여부를 확인하여 전체 여정의 공시운임을 계산하시오.

여정: SEL-OSA-SPK

출발일: 1월 1일

발권항공사: KE

9. 다음 여정을 조건대로 계산 후 HIP check 구간과 total nuc를 적으시오.

조건: 일반석, 10월 3일 출발, tax 제외

(정답은 반드시 숫자로만 표기하시오. 예: SELBKK 1234.56)

```
   SEL
   TPE  KE
x/ SIN  CI
   JKT  GA
```

10. 다음 여정을 계산 후 HIP 구간과 total nuc를 적으시오.

> 조건: 일반석. 5월 5일 출발, tax 제외　예) TYOBKK 1234.56

SEL
X FUK KE
NGO NH
DPS -GA
SEL KE

11. 다음 여정을 주어진 조건대로 HIP 구간과 total nuc를 적으시오.

> 조건: 일반석, 오늘 출발　예) TYOLON 1234.56

SEL
HKG KE
SIN SQ
LON SQ

CHAPTER 8

Routing System의 이해

1 ROUTING SYSTEM의 이해

1) ROUTING SYSTEM의 개요

Routing System이란 승객이 여행하고자 하는 여정이 공시된 여정과 일치하면 전체 여정의 공시된 운임, 즉 출발지에서 목적지 간의 운임을 그대로 적용하는 방법이다. Routing System은 경유도시뿐만 아니라 항공사 예약 CLASS 등도 함께 공시되는 경우가 대부분이므로 Routing 적용 시에는 이와 같은 제한조건을 모두 준수하여야 한다. 일반적으로 Routing System은 태평양 횡단 노선에 한하여 특정 항공사가 자사노선 이용을 조건으로 하여 낮은 운임을 적용시키기 위해서 이용되며, 해당 구간의 여정 작성 시 항공편 연결 등의 이유로 특정 경유지가 자주 사용되는 경우나, 항공사의 불리한 노선으로 Mileage System을 적용한 운임이 높은 경우, 또는 타 항공사와의 정산 관계상 특정 지점 경유 및 특정 항공사 이용조건의 설정이 필요한 경우에 사용된다.

2) ROUTING SYSTEM의 특징

① Routing Fare 적용 시 EMS, HIP, CTM, BHC 등 Mileage System 관련 규정은 Check하지 않는다.

② Route Map은 한쪽 방향으로 공시되어 있으나 반대방향으로도 적용 가능하다.

③ Route Map은 중간 경유 지점은 생략될 수 있지만 추가될 수는 없다.

④ Routing은 반드시 공시된 항공사를 이용해야 하며, 여러 항공사가 공시된 경우에는 승객 임의로 선택하여 이용할 수 있다.

2 ROUTING SYSTEM의 적용방법 및 절차

여정 예 1)

	SEL
KE	HNL
HA	NYC –
KE	SEL

① 운임마디를 기준으로 출발지에서 목적지 간 Routing Fare 공시 여부를 확인한다.

FQDSELNYC/AKE/IL,X

Entry 화면 1

```
> FQDSELNYC/AKE/IL,X

FQDSELNYC/AKE/IL,X
ROE 1019.400 UP TO 100.00 KRW
12AUG14**12AUG14/KE SELNYC/NSP;PA/TPM  6879/MPM  8254
LN FARE BASIS     OW    KRW  RT    B PEN  DATES/DAYS    AP MIN MAX R
01 EHXEKA                2200000 E  +      -     12345+  + -   12M R
                                         S19JUL  15AUG
02 EHXEKA1               2300000 E  +      -     12345+  + -   12M R
                                         S19JUL  15AUG
03 EHWEKA                2350000 E  +      -        67+  + -   12M R
                                         S19JUL  15AUG
04 HHXEKA                2350000 H  +      -     12345+ -  -   12M R
                                         S19JUL  15AUG
05 EHWEKA1               2450000 E  +      -        67+  + -   12M R
                                         S19JUL  15AUG
06 HHXEKA1               2450000 H  +      -     12345+ -  -   12M R
                                         S19JUL  15AUG
07 HHWEKA                2500000 H  +      -        67+ -  -   12M R
                                         S19JUL  15AUG
08 MHXEKA                2568200 M  +      -     12345+ -  -   12M R
                                         S19JUL  15AUG
>                                            PAGE   1/ 4
```

② 해당 Routing Fare의 오른쪽 끝에 R 표시는 Routing System의 운임적용이 가능함을 표시하고 있다. 해당 Route Map을 확인하여 승객의 여정이 Route Map에 부합되는지를 확인한다.

☞ 해당 운임의 Route Map을 확인하는 입력 지시어

FQR2

FQR은 기본 지시어이고, 2는 원하는 운임의 해당 Line 번호이다.

Entry 화면 1

```
> FQR2

FQR2
ROE 1019.400 UP TO 100.00 KRW
12AUG14**12AUG14/KE SELNYC/NSP;PA/TPM  6879/MPM  8254
LN FARE BASIS    OW    KRW   RT    B PEN  DATES/DAYS    AP MIN MAX R
02 EHXEKA1               2300000 E  +       -     12345+  + -  12M R
                                          S19JUL  15AUG
ADDON          SPECIFIED  KE7005  ADDON           EFF09AUG14
** PLZ DBL CHECK VIA SYSTEM PRICING IF DL MKTG INCLUDED **
  1 * SEL-NYC
  2 * SEL-LAS/LAX/ATL/SFO/DTT/YTO-AA-NYC
  3 * SEL-LAX/SFO-US/VX/B6-NYC
  4 * SEL-SEA-AS/US/AA-NYC
  5 * SEL-SEA-NYC
  6 * SEL-YTO-AC-NYC
  7 * SEL-WAS-B6/US/DL/AA-NYC
  8 * SEL-CHI-DL/KE-NYC
  9 * SEL-ATL/LAS/DTT-US-NYC
 10 * SEL-HNL-HA-NYC
 11 * SEL-LAS-VX-NYC
>                                           PAGE  1/ 1
```

ROUTE MAP

해당 운임이 SEL-NYC 구간에 대한 경우에만 인정되는 것을 의미한다. 또한 주어진 11가지 조건의 Routing 상황에 맞는 경우 사용할 수 있으며, 여기서 구간 사이에 이용 항공사가 생략되어 있고 "-"으로 표시된 노선은 대한항공을 탑승한다는 조건이며, "/"의 기호는 "OR"의 의미로 주어진 복수의 항공사 중 하나를 사용하면 된다는 의미이다.

주어진 Routing 조건을 지켜야 한다.

③ 이원구간 탑승항공사에 대해 별도로 지정된 Booking Class를 확인한다. 이때 해당 구간에 맞는 예약좌석이 확약(Confirm)되어야 한다.

★ 항공사별 자체 Booking Class를 확인하는 방법: CIC*CLS/AA로 조회하던 방법은 더 이상 운영하지 않으며, 자동운임 계산방법으로 조회하여야 한다.

FQPSEL/AKELAX/AAANYC/AAALAX/AKESEL

Entry 화면 1

```
> FQPSEL/AKELAX/AAANYC/AAALAX/AKEICN

FQPSEL/AKELAX/AAANYC/AAALAX/AKEICN

 * FARE BASIS *  DISC     *  PTC        * FARE<KRW>  * MSG   *T
01 RRT        *           * 1           *  13859100  *RB     *Y
02 PRT        *           * 1           *  12243200  *RB     *Y
03 FRT        *           * 1           *  11165900  *RB     *Y
04 JXRT       *           * 1           *   9551700  *RB     *Y
05 JCXRT      *           * 1           *   8819100  *RB     *Y
06 DXBZ       *           * 1           *   7431600  *RB     *Y
07 YRT        *           * 1           *   5400900  *RB     *Y
08 EHXEKA1    *           * 1           *   2693400  *RB     *Y
*6,8*RESTRICTIONS MAY APPLY/CHECK FQN
*8*TICKET STOCK RESTRICTION
```

☞ 자동운임 계산 방법으로 조회한다.
FQP는 기본 지시어
SEL: 출발지
/ : 구분
AKELAX: AKE는 해당 탑승항공사이며, LAX는 다음 여정의 목적지

★ 1단계에서 조회하면서 선택했던 운임의 Fare Basis와 같은 운임을 선택하여야 한다.

FQS8-1

Entry 화면 1

```
> FQS8-1

FQS8-1

 8 - PTC 1 ADT
FARE COMPONENT  1    ADT SELNYC KE  EHXEKA1   PU 1 S

 PRIME BOOKING CODE WHEN NO EXCEPTIONS APPLY
   E

 DEFAULT EXCEPTIONS (AA)
  IF   VIA KE                                            (1)
  THEN VIA AA  N/S   PERMITTED
  IF   VIA KE                                            (1)
  THEN VIA AA  Q     REQUIRED

 (1) THE -IF- CONDITION APPLIES TO THE FARE COMPONENT
>                                               PAGE  1/ 1
```

☞ 입력 지시어 FQS8-1
FQS: 기본 지시어
8-1: 1단계에서 선택하였던 운임과 같은 Fare Basis가 존재하는 Line번호

응답화면에서 AA항공사는 N Class 또는 S, Q Class로 예약해야 함을 알 수 있다.

④ 상기 조건을 모두 충족하는 경우 출발지에서 목적지 간의 운임을 그대로 사용한다.

F/B: EHXEKA1		
SEL	CARR	FARE
LAX	KE	
NYC—	AA	1128.11
LAX	AA	
SEL	KE	1128.11
TOTAL	NUC 2256.22	

여정 예 2)

	SEL
KE	HKG
GA	DPS-
GA	JKT
KE	SEL

(EY Class, 1개월 체류, KE 이용)

☞ 목적지까지 공시운임(Routing 운임)이 존재하는지 여부 확인 후 해당 운임을 사용한다.

다음은 단계별 Routing System에 적용할 수 있는 운임과 항공사, Class를 찾는 방법이다.

단계	입력 지시어(Entry) 및 조회결과
1단계	FQDSELDPS/AKE/IL,X
	FQDSELDPS/AKE/IL,X ROE 1019.400 UP TO 100.00 KRW 12AUG14**12FEB20/KE SELDPS/NSP;EH/TPM 3282/MPM 3938 LN FARE BASIS OW KRW RT B PEN DATES/DAYS AP MIN MAX R 01 KSKYASA8 407800 815600 K + − − + 3 − − R 02 EHEKS 870000 E + S25JUL 15AUG + − 6M R 03 HSKYASA8 469000 937900 H + − − + 3 − − R 04 HHEKS 950000 H + S25JUL 15AUG − − 6M R 05 EHEKS1 1028500 E + S25JUL 15AUG + − 6M R 06 MHEKS 1070000 M + S25JUL 15AUG − − 12M R
2단계	FQR5
	ROE 1019.400 UP TO 100.00 KRW 12AUG14**12FEB20/KE SELDPS/NSP;EH/TPM 3282/MPM 3938 LN FARE BASIS OW KRW RT B PEN DATES/DAYS AP MIN MAX R 05 EHEKS1 1028500 E + S25JUL 15AUG + − 6M R ADDON SPECIFIED KE6007 ADDON EFF08JUL14 1 * SEL-HKG-CX-DPS 2 * SEL-SIN-SQ-DPS 3 * SEL-JKT-GA-DPS
3단계	FQPSEL/AKEHKG/ACXDPS/AGAJKT/AKEICN
4단계	FQS5-1 FQS5-2
	FQS5-1 9 − PTC 1 ADT FARE COMPONENT 1 ADT SELDPS KE EHEKS1 PU 1 S PRIME BOOKING CODE WHEN NO EXCEPTIONS APPLY E DEFAULT EXCEPTIONS (CX) IF VIA KE (1) THEN VIA CX V REQUIRED > FQS5-2 DEFAULT EXCEPTIONS (GA) IF VIA KE (1) THEN VIA GA V REQUIRED WHEN AVAILABLE ALL DOMESTIC SECTORS BETWEEN JKT-DPS

연습문제

1. 다음 여정에 Routing 운임을 사용하는 경우 YVR-LAX 구간과 SFO/LAX 에 적용 가능한 항공사를 모두 쓰시오.

	SEL
KE	YVR
?	LAX-
?	SFO
KE	SEL

1) YVR/LAX-　　　　2) SFO/LAX-

2. 항공운임 계산 방법 중 출발지와 목적지 간 도시/항공사/CLASS 등이 부합[符合]되면 출발지에서 목적지 운임을 그대로 징수하는 방식으로 산출되는 운임계산 시스템은?

정답:

3. 특정구간 운임조회(FQD) 후 2번 운임의 ROUTING MAP을 확인하는 ENTRY는?

정답:

4. 다음은 Routing System을 사용하는 경우에 지켜야 할 조건을 설명하고 있다. 그에 대한 설명으로 올바르지 않은 것은?

1) Routing 운임을 사용하기 위해서는 발권항공사가 설정해 놓은 경유 지점을 확인하고 그 여정대로만 사용해야 한다.
2) Routing 운임을 사용하기 위해서는 이원구간에 대한 항공사도 별도로 설정해 놓은 항공사만 사용해야 한다.
3) Routing 운임을 사용하기 위해서는 사용하고자 하는 이원 항공사의 지정되어 있는 별도의 Booking Class만 사용해야 한다.
4) Routing 운임을 사용하기 위해서는 반드시 발권항공사의 사전승인을 받아야 한다.

5. Routing 운임을 사용하는 경우의 주의사항을 설명하고 있다. 올바른 설명은 어느 것인가?

1) Routing으로 설정된 경유지는 조회되는 여정의 반대로는 사용이 불가능하다.
2) Routing으로 설정된 Booking Class 조건은 동일 항공사 구간이라면 모든 구간에 대해 동일하게 적용된다.
3) Routing 운임을 사용하는 경우에는 HIP Check, 거리할증여부를 확인하지 않아도 된다.
4) Routing 운임으로 설정된 경유지는 여정의 형태에 따라 임의로 추가할 수 있다.

★ 다음의 목적지까지 공시운임(Routing 운임)이 존재하는지 여부 확인 후 해당 운임을 확인하시오.

6.

SEL	
HNL	KE
LAX	KE
SJC--	AA
LAX	DL
SEL	KE

7.

SEL	
HKG	KE
DPS--	CX
JKT	GA
SEL	KE

8.

SEL	
PAR	KE
ROM--	AF
MAD	AZ
SEL	KE

9.

SEL	
SYD	KE
CNS--	QF
X	
MEL	
NAN	FJ
SEL	KE

10. 다음 여정을 적용 가능한 가장 저렴한 운임으로 계산 후 해당 금액을 KRW로 적으시오.

조건: KE FARE, 6월 1일 출발, 2개월 체류, 예약완료 일주일 후 발권. KE 이외 구간은 적용가능한 항공사로 임의지정 tax 제외
(예: 123456)

	SEL
KE	KUL
??	DAC -
??	BKK
KE	SEL

11. 다음 여정을 적용 가능한 가장 저렴한 운임으로 계산하고자 할 때 FRA-PAR 구간 적용 가능한 항공사와 class를 모두 적으시오.
(예: AF (Q/N))

조건: KE FARE, 9월 10일 출발, 3개월 체류, 예약완료 3일 이내 발권

	SEL
KE	LON
??	FRA -
??	PAR
KE	SEL

12. 다음 여정을 적용 가능한 가장 저렴한 운임으로 계산 후 해당 금액을 KRW로 적으시오.

조건: KE FARE, 6월 10일 출발, 1개월 체류, 예약 후 3일 이내 발권. KE 이외 구간은 적용 가능한 항공사로 임의 지정

	SEL
KE	DXB
??	RUH -
??	AUH
KE	SEL

13. 다음 여정을 적용 가능한 가장 저렴한 운임으로 계산 후 해당 금액을 KRW로 적으시오. (tax 제외, 정답 예: 12345000)

조건: KE FARE. 5월 30일 출발, 2개월 체류, 예약 완료 후 6일 이후 발권. KE 이외 구간은 적용 가능한 항공사로 임의 지정

	SEL
KE	SYD
??	MEL -
??	NAN
KE	SEL

14. 다음 여정을 적용 가능한 가장 저렴한 운임으로 계산 후 해당 금액을 KRW로 적으시오. (tax 제외, 정답 예: 12345000)

조건: 5월 8일 출발, 2개월 체류, 예약 완료 후 3일 이내 발권.
KE FARE, KE 이외 구간은 적용 가능한 항공사로 임의 지정

	SEL
KE	SYD
??	PER -
??	BNE
KE	SEL

CHAPTER 9 PNR 자동운임계산

1 PNR을 이용한 자동운임계산

1) PNR 자동운임계산의 정의

FQP(Informative Pricing Transaction) 여정운임계산이 PNR의 완성 없이 승객의 여정과 추가조건만을 가지고 계산하는 방법이었다면 PNR 자동운임계산 기능은 승객의 실제 여정과 탑승조건을 반영한 PNR 여정정보를 이용하여 운임을 산출하는 방법이다. PNR 자동계산의 경우 PNR상에 작성되어 있는 승객의 종류와 Booking Class, 항공사 정보들을 함께 고려하여 운임을 산출한다. 따라서 PNR 자동운임계산은 올바른 PNR이 작성되어야 정확하고 올바른 운임을 계산할 수 있다.

2) PNR Auto Pricing-Fare System

자동운임계산을 위한 PNR에는 필수 입력사항인 여정, 이름, 전화번호를 입력한 후 PNR 저장작업이 완성되어 PNR 번호가 생성되어야 한다.

또한 승객이름 입력 시 소아나 유아에 대한 나이 입력이 정상적으로 진행되어야 올바른 승객 유형으로 인식할 수 있다. 사용하고자 하는 운임의 종류에 알맞은 Booking Class가 일치되어야 하며, 확약(Confirm)되어야 한다.

PNR이 있는 경우 사용할 수 있는 자동운임계산 방법으로는 대표적으로 4가지 방법을 이용한다. FXP는 PNR에 있는 여정대로 자동운임을 산출하며, FXB는 이미 예약되어 있지만 좀 더 저렴한 운임으로 계산하여 조건에 맞도록 재예약이 가능하다. FXD는 예약 가능한 비행편과 운임정보를 추천하는 기능을 말한다. 입력 지시어 조회기능 외에도 GUI(Graphic User Interface)그래픽모드로 화면검색이 가능하다.

접속	이름	Entry	설명
Entry 페이지	Itinerary Pricer	FXP	PNR에 있는 여정대로 Pricing
	Best Pricer	FXB	이미 예약되어 있는 여정에 대하여, 더 저렴한 운임으로 계산 및 Rebooking 가능
	Master Price Expert	FXD	• 예약 가능한 비행편과 운임 정보를 추천 • Rebooking 가능 • MPE: 추천 운임 수 최대 20개(향후 50개) • Low Fare Search: 500(GDS) + 80개(Non GDS)

3) PNR이 있는 경우 사용할 수 있는 자동운임계산 방법

(1) FXP(Itinerary Pricing) = PNR Pricing 지시하기 With TST

☞ TST[5]: 운임 저장 후 발권을 위해 필요한 모든 정보가 담겨 있는 Field

5) TOPAS 발권실무, 토파스 여행정보, p.64.

PNR 작성 및 조회 → FXP → FQQ2 → ER → TQT

[FXP] PNR Pricing 기본 지시어, [ER] 운임 정보 저장하고 다시 조회하기

예 1) SEL-TYO-SEL (KE)
출발일 9월 1일, 리턴일 9월 20일

PNR 만들기 정리(Remind)

운임산출을 위한 PNR 작성 단계	HELP
Create a basic PNR(필수 5가지 요소) P.R.I.N.T Phone Received from Itinerary Name Ticketing	HEPNR
1. Sell a segment(항공편 예약) Itinerary AN01SEPICNTYO/AKE → SS1E2 AN20SEPTYOICN/AKE → SS1E2	HESS
2. Add a Name(성명 입력) NM1PARK/TESTMR – Single Name NM1SUNG/TESTMSTR – 어린이	HE NM
3. Add a contact – 연락처 AP 02–123–9999 : 여행사 연락처 APM 010–9187–1234 : Mobile APF 02–123–4567 : FAX 번호 APE–WANGHAPPY@NAVER.COM/P1 : 이메일 주소	HE AP

4. Add a tkt option TK TKOK TKTL06JAN TKTL06JAN1500	HE TK
5. Add a Received From RF(작업요청 승객, 여행사직원 기입금지) RFPSGR RFP **** END OF TRANSACTION *** ET ET – 작업 완료(FILE) ER – 완료 및 REDISPLY ETK/ERK - 완료 및 불완전 STATUS 코드 정리	HE RF HE ET
6. PNR 예약 기록 조회 RT RECLOC : PNR ADDRESS/RLOC로 조회 RT KE901/07MAY–PARK : 항공편/출발일/이름으로 조회 RT SUNG/SUN : Partial Name Avaliability 조회 후 RT/1–SUNG (from line 1 of AN) RT 1 (from a list) RT0 (return to list)	HE RT

① Booking Class 선택을 위한 공시운임 조회

체류조건과 맞는 운임종류를 정한 후 Booking Class를 선택한다.

② 여정의 작성

위의 PNR 만들기 작성의 Remind를 통해 작성 후 PNR을 Display한다.

FQDSELTYO/AKE/D1SEP

Entry 화면 1

```
RP/SELK1338F/SELK1338F           AA/SU  14FEB20/1407Z   SRJJI4
0187-6302
  1.JO/INSUNGMR
  2  KE 703 E 01SEP 2 ICNNRT HK1  1010 1235  01SEP  E  KE/SRJJI4
  3  KE 002 E 20SEP 7 NRTICN HK1  1720 2000  20SEP  E  KE/SRJJI4
  4 AP 02-123-4567SEWC YANG
  5 AP EWANGHAPPY1@NAVER.COM
  6 APM 010-9187-6302
  7 TK OK14FEB/SELK1338F
  8 OPW SELK1338F-28FEB:1900/1C7/KE REQUIRES TICKET ON OR BEFORE
        29FEB:1900/S2-3
  9 OPC SELK1338F-29FEB:1900/1C8/KE CANCELLATION DUE TO NO
        TICKET/S2-3
```

③ 자동운임계산 FXP

PNR 작성 및 조회 → FXP → (운임선택 시 적용) FQQ2 → ER → TQT

Entry 화면 1

```
FXP

01 JO/INSUN*

LAST TKT DTE 17FEB20/23:59 LT in POS - SEE ADV PURCHASE
------------------------------------------------------------
      AL  FLGT   BK    DATE   TIME   FARE BASIS      NVB  NVA    BG
 SEL
 TYO KE    703  E     01SEP  1010   ELEVZRKN             01MAR  1P
 SEL KE      2  E     20SEP  1720   ELEVZRKN             01MAR  1P

KRW    380000          01SEP20SEL KE TYO154.32KE SEL Q17.14
                       154.32NUC325.70END ROE1166.369597
KRW     21600-YR       XT KRW 10800-TK KRW 22900-SW KRW 5700-OI
KRW     28000-BP
KRW     39400-XT
KRW    469000
BAG/SEAT/SERVICES AT A CHARGE MAY BE AVAILABLE-ENTER FXK
TICKET STOCK RESTRICTION
BG CXR: KE/KE
PRICED WITH VALIDATING CARRIER KE - REPRICE IF DIFFERENT VC
>                                                   PAGE  2/ 3
> er
```

FXP: PNR Pricing 기본 지시어 with TST

FQQ2: 적용할 운임 라인번호 선택

아래의 화면은 Booking Class와 사용할 운임의 적용조건이 맞으며 따로 선택할 운임이 없는 경우로 바로 적용할 운임이 display된 예이다.

ER: TST 저장(운임저장)하고 다시 조회하기

TQT: 운임 저장내역 확인하기

Entry 화면 1

TST가 저장되었음을 나타내는 TST RLR 메시지가 생성됨

```
--- TST RLR ---
RP/SELK1338F/SELK1338F           AA/SU  14FEB20/1408Z   SRJJI4
0187-6302
  1.JO/INSUNGMR
  2  KE 703 E 01SEP 2 ICNNRT HK1  1010 1235  01SEP  E  KE/SRJJI4
  3  KE 002 E 20SEP 7 NRTICN HK1  1720 2000  20SEP  E  KE/SRJJI4
  4 AP 02-123-4567SEWC YANG
  5 AP EWANGHAPPY1@NAVER.COM
  6 APM 010-9187-6302
  7 TK OK14FEB/SELK1338F
  8 OPW SELK1338F-14FEB:1900/1C7/KE REQUIRES TICKET ON OR BEFORE
        17FEB:1900/S2-3
  9 OPC SELK1338F-17FEB:1900/1C8/KE CANCELLATION DUE TO NO
        TICKET/S2-3
 10 FE PAX 3.NONENDS. RISS CHRG APPLY-KRW50000. RFND PNTY APPLY.
       NO MILE UG./S2-3
 11 FV PAX KE/S2-3
> TQT
TST00001     SELK1338F AA/14FEB I 0 LD 17FEB20 2359  OD SELSEL
T-
FXP
   1.JO/INSUNGMR
 1   ICN KE  703 E 01SEP 1010  OK ELEVZRKN            01MAR 1PC
 2 O NRT KE  002 E 20SEP 1720  OK ELEVZRKN            01MAR 1PC
   ICN
FARE  F KRW     380000
TX001 X KRW    21600-YRVA TX002 X KRW    28000-BPDP TX003 X KRW    10800-TKVC
TX004 X KRW    22900-SWAE TX005 X KRW     5700-OISE
TOTAL    KRW     469000
GRAND TOTAL KRW     469000
SEL KE TYO154.32KE SEL Q17.14 154.32NUC325.78END ROE1166.369597

 10.FE 3.NONENDS. RISS CHRG APPLY-KRW50000. RFND PNTY APPLY. NO
```

(2) TST 없이 PNR Pricing 지시하기

☞ TST(운임내역조회) 저장하지 않고 운임만 확인

PNR 작성 및 조회 → FXX → FQQ2 또는 FQH2

FXX: PNR Pricing 기본 지시어(TST 저장하지 않고 운임 확인)

FQQ2: 운임계산 내역조회(가로보기)/FQH2(세로보기)

Entry 화면 1

```
> FXX

FXX

*NO FARES/RBD/CARRIER/PASSENGER TYPE
*ATTN VERIFY BOOKING CLASS SEE FQS
 * FARE BASIS *  DISC      *  PSGR         *  FARE<KRW>  * MSG   *T
01 YRMTG      *            * P1            *    1547300  *RB     *Y
02 YLEE1M     *            * P1            *    1242100  *RB     *Y
>                                                     PAGE    1/  1
>

> FQQ2

FQQ2

02 YLEE1M     *            * P1            *    1242100  *RB     *Y

LAST TKT DTE 01SEP14 - DATE OF ORIGIN
------------------------------------------------------------
     AL FLGT  BK   DATE  TIME  FARE BASIS       NVB  NVA    BG
 SEL
 BKK TG    693 Q   01SEP 0730  YLEE1M                01OCT  20
 SEL TG    658 Q   20SEP 2310  YLEE1M           04SEP01OCT  20

KRW  1072400       01SEP14SEL TG BKK525.99TG SEL525.99NUC
                   1051.98END ROE1019.400000
KRW   108400YO     XT KRW 28000BP KRW 22700TS
KRW    10600YQ
KRW    50700XT
KRW  1242100
BG CXR: TG/TG
PRICED VC TG - OTHER VC AVAILABLE PG
>                                                     PAGE    2/  2
```

2 PNR Pricing 주요 Option

☞ FXP 관련 도움말(HE FARES) GP OPT
(HE FXP)

요청 내용	입력 지시어(Entry)		
기본 조회	FXP FXX		
승객 지정 (Passenger Association)	FXP/P2, FXX/P2,	FXP/P2,4, FXP/P2,4,	FXP/P1-3 FXX/P2-3
여정 지정 (Segment Association)	FXP/S2 FXX/S2,	FXP/S2,4 FXX/S2,4,	FXP/S1-3 FXX/S1-3
할인 지정 (Discount 코드적용)	FXP/RCH FXX/RCH	FXP/RSD FXX/RSD	FXP/P2/RIN FXX/P2/RIN
유아 제외 모든 승객 PNR Pricing	FXP/PAX FXX/PAX		
단체 지정	FXP/RGV FXP/RGV-CH FXP/P3/RGV-CG00		
Fare Break Point 지정	FXP/B2/B4 FXX/B2/B4		
Tax 면제 지정	FXP/R,ET FXX/R,ET		
Tax 제외 지정	FXP/R,WT FXX/R,WT		
운임 선택	FQQ1 (Line 번호)		
C-Field에 입력	ER	TQT(저장내용 확인)	

☞ FXX: Price PNR without Storing TST(TST: 운임저장 후 발권을 위해 필요한 모든 정보가 담겨 있는 Field)

3 Best Pricer

1) FXB(Best Pricer, HE FXB)

Best Pricer란 이미 예약되어 있는 여정에 대하여, 하위의 'Available'(좌석 예약 가능)한 Booking Class와 낮은 요금 또는 같은 Class이더라도 보다 낮은 요금을 확인하여 운임 산출 결과를 보여 주는 최적의 운임 산출 기능이다.

PNR 작성 및 조회 → FXB

Entry 화면 1

```
> RTSRJJI4

--- TST RLR ---
RP/SELK1338F/SELK1338F            AA/SU  14FEB20/1408Z   SRJJI4
0187-6302
  1.JO/INSUNGMR
  2  KE 703 E 01SEP 2 ICNNRT HK1  1010 1235  01SEP  E  KE/SRJJI4
  3  KE 002 E 20SEP 7 NRTICN HK1  1720 2000  20SEP  E  KE/SRJJI4
  4 AP 02-123-4567SEWC YANG
  5 AP EWANGHAPPY1@NAVER.COM
  6 APM 010-9187-6302
  7 TK OK14FEB/SELK1338F
  8 OPW SELK1338F-14FEB.1900/1C7/KE REQUIRES TICKET ON OR BEFORE
        17FEB:1900/S2-3
  9 OPC SELK1338F-17FEB:1900/1C8/KE CANCELLATION DUE TO NO
        TICKET/S2-3
 10 FE PAX 3.NONENDS. RISS CHRG APPLY-KRW50000. RFND PNTY APPLY.
       NO MILE UG./S2-3
 11 FV PAX KE/S2-3

> FXB

FXB

01 JO/INSUN*
ITINERARY REBOOKED
LAST TKT DTE 17FEB20/23:59 LT in POS - SEE ADV PURCHASE
------------------------------------------------------------
     AL FLGT  BK   DATE  TIME  FARE BASIS      NVB  NVA   BG
 SEL
 TYO KE   703 U *  01SEP 1010  ULEVZRKN             01DEC 1P
 SEL KE     2 U *  20SEP 1720  ULEVZRKN             01DEC 1P

KRW   320000       01SEP20SEL KE TYO124.31KE SEL Q25.72
                   124.31NUC274.34END ROE1166.369597
KRW    21600-YR    XT KRW 10800-TK KRW 22900-SW KRW 5700-OI
KRW    28000-BP
KRW    39400-XT
KRW   409000
BAG/SEAT/SERVICES AT A CHARGE MAY BE AVAILABLE-ENTER FXK
```

☞ 예약 가능 상황을 고려하여 기존 예약 대비 더 낮은 운임의 Booking Class로 재예약 후 운임을 산출

2) FXB 운임 생성과정(HE FXB)

기존 예약과 비교하여, 하위 Class 운임으로 Pricing, 재예약(Rebooking) 및 TST 정보를 생성한다.

```
 ---RLR ---
RP/SELK1338F/SELK1338F            KE/RM   12FEB20/1224Z    ZSCZP9
0951-6038
  1.JO/INSUNGMR
  2  KE 601 Y 20SEP 6 ICNHKG HK1   1340 1630   20SEP  E   KE/EEMD7A
  3  KE 602 Y 30SEP 2 HKGICN HK1   1755 2235   30SEP  E   KE/EEMD7A
  4 AP SEL02-123-4567 SEWC YANG
  5 AP M010-9187-6302
  6 APE WANGHAPPY1@NAVER.COM
  7 TK OK12AUG/SELK1338F
  8 SSR ADTK 1A TO KE BY SEL1955/26AUG OTHERWISE WILL BE XLD
  9 SSR OTHS 1A CHECK SPECIAL MEAL AND ADVANCE SEATING
 10 OSI 1A KE RSVN NBR IS 951-6038
>
☞ SEL/HKG/SEL Y CLASS로 예약이 되어 있다.

> FXB
01 JO/INSUN*
ITINERARY REBOOKED

AL FLGT  BK   DATE  TIME  FARE BASIS      NVB  NVA    BG
 SEL
 HKG KE    601 E *  20SEP 1340  ELEKS                 20MAR 1P
 SEL  KE    602 E *  30SEP 1755  ELEKS                 20MAR 1P

KRW    446000      20SEP14SEL KE HKG215.81KE SEL Q5.80 215.81
                   NUC437.42END ROE1019.400000
KRW     85400YR
KRW     28000BP
KRW     16200HK
KRW    575600
TICKET STOCK RESTRICTION
BG CXR: KE/KE
PRICED WITH VALIDATING CARRIER KE - REPRICE IF DIFFERENT VC
```

```
60000 KRW PENALTY APPLIES
>                                                    PAGE  2/ 3
```

FXB로 지시하였더니, 예약 가능 상황을 고려하여 기존 예약 대비 더 낮은 운임의 Booking Class로 재예약 후 운임산출한 것을 알 수 있다.

```
> ER
--- TST RLR ---
RP/SELK1338F/SELK1338F            AA/SU   12FEB20/1225Z    ZSCZP9
0951-6038
  1.JO/INSUNGMR
  2  KE 601 E 20SEP 6 ICNHKG HK1   1340 1630  20SEP  E  KE/EEMD7A
  3  KE 602 E 30SEP 2 HKGICN HK1   1755 2235  30SEP  E  KE/EEMD7A
  4 AP SEL02-123-4567 SEWC YANG
  5 AP M010-9187-6302
  6 APE WANGHAPPY1@NAVER.COM
  7 TK OK12AUG/SELK1338F
  8 SSR ADTK 1A TO KE BY SEL1955/26AUG OTHERWISE WILL BE XLD
  9 SSR OTHS 1A CHECK SPECIAL MEAL AND ADVANCE SEATING
 10 OSI 1A KE RSVN NBR IS 951-6038
 11 FE PAX NONENDS. RISS CHRG APPLY RFND PNTY APPLY/S2-3
 12 FV PAX KE/S2-3
>
```

ER(End of Transaction & Redisplay) 후 PNR을 조회하면 TST 정보가 저장되었음을 의미하는 TST RLR 메시지가 PNR 상단에 표시되어 있다.

★ BEST Pricer 기능 요약

ENTRY	설명
FXB	하위 운임으로 Pricing, 재예약 및 TST 정보 생성
FXR	하위 운임으로 Pricing, 재예약 및 TST 정보 비생성
FXA → FXU 또는 FXZ	FXA: 하위 운임으로 요금 산출 FXU: FXA 후 재예약 및 TST 생성 FXZ: FXA 후 재예약, TST 비생성
FXL	좌석 예약 가능 상태를 고려하여 예약 가능한 가장 저렴한 운임산출. 재예약(Rebooking) 및 TST 정보는 생성하지 않음.

3) FXA(HE FXA) 후 FXU로 재예약하기

FXA 입력 시에는 기존 예약 대비 적용 가능한 하위 Class 운임의 목록을 보여 주며, 필요에 따라 재예약 후 TST 정보를 생성하거나(FXA → FXU), 재예약만 하고 TST를 생성하지 않는(FXA → FXZ) 경우의 두 가지 Option 사용이 가능하다.[6)]

```
 —— TST RLR ——
RP/SELK1338F/SELK1338F            AA/SU   12FEB20/1251Z    ZSCZP9
0951-6038
  1.JO/INSUNGMR
  2  KE 601 Y 20SEP 6 ICNHKG HK1   1340 1630   20SEP  E  KE/EEMD7A
  3  KE 602 Y 30SEP 2 HKGICN HK1   1755 2235   30SEP  E  KE/EEMD7A
  4 AP SEL02-123-4567 SEWC YANG
  5 AP M010-9187-6302
```

☞ SEL/HKG/SEL Y CLASS로 예약이 되어 있다.

```
FXA
 * FARE BASIS *  DISC     *  PSGR      * FARE(KRW)  * MSG   *T
01 YRT          *          * P1          *    1080200  *        *Y
02 ELEKS        *          * P1          *     575600  *        *Y
```

기존 예약과 일치하는 Y Class 운임 이외에 예약 가능한 하위 Class E의 운임도 함께 산출하여 제시함을 볼 수 있다.

```
  FXU2
02 ELEKS        *          * P1          *     575600  *RB     *Y
ITINERARY REBOOKED
  AL FLGT  BK   DATE  TIME  FARE BASIS      NVB  NVA    BG
 SEL
 HKG KE    601 E *  20SEP 1340  ELEKS                20MAR 1P
 SEL  KE    602 E *  30SEP 1755  ELEKS                20MAR 1P
KRW    446000     20SEP14SEL KE HKG215.81KE SEL Q5.80 215.81
                  NUC437.42END ROE1019.400000
KRW     85400YR
KRW     28000BP
KRW     16200HK
KRW    575600
```

6) TOPAS 발권실무, 토파스 여행정보, p.71.

TICKET STOCK RESTRICTION

FXU2(2번은 FXA에서 표시된 운임번호)를 입력하니 기존 Y예약이 E Class로 재예약되었으며, 운임산출근거도 표시되었다.

```
ER
—— TST RLR ——
RP/SELK1338F/SELK1338F            AA/SU   12FEB20/1252Z   ZSCZP9
0951-6038
  1.JO/INSUNGMR
  2  KE 601 E 20SEP 6 ICNHKG HK1   1340 1630  20SEP  E  KE/EEMD7A
  3  KE 602 E 30SEP 2 HKGICN HK1   1755 2235  30SEP  E  KE/EEMD7A
  4 AP SEL02-123-4567 SEWC YANG
  5 AP M010-9187-6302
```

ER(End of Transaction & Redisplay) 후 PNR을 조회하면 TST 정보가 저장되었음을 의미하는 TST RLR 메시지가 PNR 상단에 표시되어 있다.

4) FXL(HE FXL)

좌석 예약 가능 상태를 고려하여 예약 가능한 가장 저렴한 운임을 산출하는 기능으로 재예약(Rebooking)되지 않으며 TST 정보도 생성되지 않는다.

상황에 맞는 운임산출 입력 지시어를 선택적으로 사용할 수 있다.

```
—— TST RLR SFP ——
RP/SELK1338F/SELK1338F            AA/SU   12FEB20/1308Z   ZSCZP9
0951-6038
  1.JO/INSUNGMR
  2  AA 160 L 02OCT 4 LAXSFO HK1  0655 0815  02OCT  E  AA/DUVPTF
  3 AP SEL02-123-4567 SEWC YANG
  4 AP M010-9187-6302
```

LAX/SFO 구간은 L Class로 예약이 되어 있다.

```
> FXL
01 JO/INSUN*
LOWEST PRICE IS AVAILABLE
AL FLGT  BK   DATE  TIME  FARE BASIS      NVB  NVA    BG
 LAX
 SFO AA   160 Q *  02OCT 0655  QA14XSH         02OCT02OCT 0P
```

```
USD      53.95        02OCT14LAX AA SFO53.95USD53.95END
KRW      56200        ZP LAX4.00XT KRW 4200ZP KRW 4700XF LAX4.50
KRW       4300US
KRW       5900AY
KRW       8900XT
KRW      75300
RATE USED 1USD=1040.50000KRW
** CROSS REF INTL TICKETS OR COLLECT TAXES **
BG CXR: AA
PRICED WITH VALIDATING CARRIER AA - REPRICE IF DIFFERENT VC
FARE VALID FOR E TICKET ONLY
〉                                              PAGE  2/ 3
```

예약 가능 상태를 고려하여 기존 운임 대비 더 저렴한 'Q' Class의 운임으로 산출하여 제시하고 있다. FXL로 지시된 경우, 재예약은 되지 않으며, TST 정보도 생성되지 않기 때문에 저렴한 요금으로 선택하고자 한다면, 제시된 운임의 Class로 예약을 수정하여야 한다.

☞ FXL 후 잔여 좌석이 없는 경우에는 시스템은 저렴한 운임으로 산출된 결과값을 보여주지만 Lowest Sold Out//Try Wait List라는 경고메시지를 보여준다.

5) Master Price Expert(FXD)

HE FXD

- PNR이 있는 상태에서 또는 PNR이 없는 경우 입력된 여정에 대해 예약 가능한 비행편과 운임 정보를 추천하여 주는 기능이다.
- 2 Surface 포함, 6개 Segment까지 검색 가능하다.
- 추천 운임 결과 조회 후, FXU(Rebook and Create a TST) 또는 FXZ (Rebook Without a TST Creation)을 이용하여 Rebooking 가능하다.
- 최대 50개의 추천 운임 조회가 가능하다.

FXDICN/D02JANBKK/D12JANICN → FXS1

[FXD] 기본 Entry

[ICN/D02JANBKK] 구간(SEL/BKK) 및 해당 구간 여행일(/02JAN) [BKK/D12JANICN] 구간(BKK/SEL) 및 해당 구간 여행일(/D12JAN) [FXS1] 1번째 추천 운임 선택

```
FXDICN/D2JANBKK/D12JANICN

31 GROUPS AND 50 RECOMMENDATIONS RETURNED FROM KRW 443100 TO 2852300

------ RECOMMENDATION 1 OF 2 IN GROUP 1 (KRW 443100)----------
  PTC        CUR                    TAX           FARE BASIS
1 ADT       1 KRW      443100      223100          QSRKRS
  TOTAL     1 KRW      443100      223100

1FM:MU9828  Q  02JAN  ICN   PVG 1  1810  1910  E0.738
    MU 547  Q  02JAN  PVG 1 BKK    2220  0120+1 E0.333  0910
2   MU 548  Q  12JAN  BKK   PVG 1  0155  0700  E0.333
    MU5033  Q  12JAN  PVG 1 ICN    1235  1520  E0.321  1125
>> FXS1 TO SELECT  >> FXZ1 TO BOOK  >> FXU1 TO BOOK AND CREATE TST
1 LAST TKT DTE02JAN15 - DATE OF ORIGIN

------ RECOMMENDATION 1 OF 2 IN GROUP 2 (KRW 555300)----------
  PTC        CUR                    TAX           FARE BASIS
1 ADT       1 KRW      555300      202300          VESKR6+
  TOTAL     1 KRW      555300      202300

1   CZ 340  V  02JAN  ICN   CAN    1055  1400  E0.321
    CZ 363  T  02JAN  CAN   BKK 1  1555  1755  E0.321  0900
2   CZ3036  N  12JAN  BKK 1 CAN    0210  0600  E0.320
```

Master Pricer Exper 기능을 이용, ICN(2JAN)BKK(12JAN)ICN 구간의 운임 산출을 지시하는 운임을 기준으로 443,100→2,852,300원까지 적용가능한 운임과 예약가능편 정보가 표시됨을 볼 수 있다.

```
> FXS1

2 RECOMMENDATIONS IN GROUP 1(KRW 443100)
 —— RECOMMENDATION 1 OF 2 IN GROUP 1 (KRW 443100)——————
  PTC        CUR               TAX            FARE BASIS
1 ADT       1 KRW     443100     223100          QSRKRS
  TOTAL     1 KRW     443100     223100

1FM:MU9828  Q  02JAN  ICN   PVG 1  1810  1910   E0.738
    MU 547  Q  02JAN  PVG 1 BKK    2220  0120+1 E0.333  0910
2   MU 548  Q  12JAN  BKK   PVG 1  0155  0700   E0.333
    MU5033  Q  12JAN  PVG 1 ICN    1235  1520   E0.321  1125
>> FXZ1 TO BOOK  >> FXU1 TO BOOK AND CREATE TST  >> MPFXD TO RETURN
1 LAST TKT DTE02JAN15 - DATE OF ORIGIN

———— RECOMMENDATION 2 OF 2 IN GROUP 1 (KRW 443100)——————
  PTC        CUR               TAX            FARE BASIS
1 ADT       1 KRW     443100     223100          QSRKRS
  TOTAL     1 KRW     443100     223100

1FM MU9828  Q  02JAN  ICN   PVG 1  1810  1910   E0.738
    MU 547  Q  02JAN  PVG 1 BKK    2220  0120+1 E0.333  0910
2FM:MU9854  Q  12JAN  BKK   PVG 1  0120  0630   E0.738
>>
```

FXS1을 이용하여 추천운임의 세부 정보를 조회한 후 KRW 443,100으로 예약 가능한 비행편 정보가 2개 표시되었다. 이후 FXU(Rebook and Create A TST) 또는 FXZ(Rebook Without a TST Creation)을 이용하여 예약이 가능하다.

```
> MPFXD
31 GROUPS AND 50 RECOMMENDATIONS RETURNED FROM KRW 443100 TO 2852300
———— RECOMMENDATION 1 OF 2 IN GROUP 1 (KRW 443100)——————
  PTC        CUR               TAX            FARE BASIS
1 ADT       1 KRW     443100     223100          QSRKRS
  TOTAL     1 KRW     443100     223100

1FM:MU9828  Q  02JAN  ICN   PVG 1  1810  1910   E0.738
    MU 547  Q  02JAN  PVG 1 BKK    2220  0120+1 E0.333  0910
2   MU 548  Q  12JAN  BKK   PVG 1  0155  0700   E0.333
    MU5033  Q  12JAN  PVG 1 ICN    1235  1520   E0.321  1125
>> FXS1 TO SELECT  >> FXZ1 TO BOOK  >> FXU1 TO BOOK AND CREATE TST
```

```
1 LAST TKT DTE02JAN15 - DATE OF ORIGIN

------- RECOMMENDATION 1 OF 2 IN GROUP 2 (KRW 555300)-----------
  PTC        CUR                TAX          FARE BASIS
1 ADT      1 KRW     555300     202300          VESKR6+
  TOTAL    1 KRW     555300     202300

1    CZ 340  V   02JAN   ICN    CAN      1055   1400    E0.321
     CZ 363  T   02JAN   CAN    BKK 1    1555   1755    E0.321   0900
2    CZ3036  N   12JAN   BKK 1  CAN      0210   0600    E0.320
>>
```

> MPFXD로 FXS1 이전에 조회한 추천 운임 정보 조회가 가능하다.

Entry	기능
FXD4ICN/D24DECBKK/D30DECICN	ICN(24DEC)BKK(30DEC)ICN 조건, 4좌석 예약 가능편의 운임정보 추천 요청
FXDICN/D24DECBKK/D30DECICN//PB800000	ICN(24DEC)BKK(30DEC)ICN 조건, 최대 80만원 이내 적용가능한 좌석 및 운임정보 추천 요청
FXDICN/D24DECBKK/D30DECICN/RCH	ICN(24DEC)BKK(30DEC)ICN 조건, 소아 할인운임(RCH) 적용가능한 좌석 및 운임 정보 추천 요청
PNR 조회 → FXD	PNR 조회 후 예약 가능한 좌석 및 운임정보 추천 요청

연습문제

1. PNR 자동운임계산 과정의 화면이다. 설명이 올바르지 않은 것은 어느 것인가?

```
 FXP
01 JO/INSUN*
     AL FLGT  BK   DATE  TIME  FARE BASIS       NVB  NVA   BG
 SEL
 LAX KE    17 E    10APR 1500  ELXEKA                10APR   2P
 SEL KE    12 E    20APR 2330  ELXEKA                10APR   2P

KRW  1460000       10APR15SEL KE LAX716.10KE SEL716.10NUC
                 1432.20END ROE1019.400000
KRW   299800YR     XT KRW 5800YC KRW 18300US KRW 18300US KRW
KRW    28000BP     5300XA KRW 7300XY KRW 5900AY KRW 4700XF
KRW    65600XT     LAX4.50
KRW  1853400
TICKET STOCK RESTRICTION
BG CXR: KE
PRICED WITH VALIDATING CARRIER KE - REPRICE IF DIFFERENT VC
200000 KRW PENALTY APPLIES
```

1) 전체 여정에 대한 공시운임은 1,853,400이다.

2) 계산된 운임의 사용 CLASS는 E CLASS이며, 운임코드는 ELXEKA이다.

3) LAX에서 체류 가능한 최대 날짜는 1년이다.

4) 성인 승객에 대한 운임계산 내역이다.

2. PNR 자동운임계산 과정의 일반적인 절차로서 빈칸에 알맞은 지시어는 어느 것인가?

PNR의 조회 → **자동운임계산 기본지시어** → 적용할 운임번호2선택 → 저장 → **내역확인**
RT1234567 → (   ) → FQQ2 → ER → (   )

PART 03

항공권의 발행

CHAPTER 10

항공권 관리와 항공사 정보조회

1 항공권 관리

IATA 대리점 인가를 통해 BSP 항공권 발행이 가능한 여행사인 경우 발권기능을 부여받았다고 하더라도 항공권 수량이 존재해야 실제 발권 작업이 가능하다. IATA 홈페이지 접속을 통해 항공권 신청과정을 통해 승인을 받아야 하며 IATA는 여행사별로 보고된 발권 실적 및 담보금액 등을 기준으로 지급할 수 있는 항공권의 매수를 결정한다. 항공권 승인은 여행사의 신용도에 따라 자동승인과 수동승인으로 나뉘어지며, '자동승인'이란 여행사의 항공권 신청작업과 동시에 승인이 바로 완료되는 것을 의미한다.

1) E-Ticket 정보 조회

E-TICKET은 모든 항공권의 세부사항을 ET Process를 통하여 모든 참여자 즉, 항공사, 여행사, 기타 Service Provider가 수행 가능하도록 구성되어 있으며 E-Ticket 발행 전에 각 Market의 E-Ticket 환경을 파악하고 해당 조건을 확인할 필요가 있다.

(1) 한국시장의 E-Ticket 발권 항공사 조회

TGETD-KR

TG	Table Agreement 기본 Entry
ETD	E-Ticket Display
-	구분키
KR	확인하고자 하는 Market

Entry 화면 1

```
> TGGSD-KR

COUNTRY  -  KR
                    GENERAL SALES AGENT
AA -     TW
AF -     UU
CA -     ZH
CX -     KA
HR -     AD   AE   AM   AR   AS   AT   AV   AZ   A3   A9
         BE   BG   BH   BI   BP   BR   BT   BV   BW   B2
         B5   B6   B7   CA   CI   CM   CU   CX   CY   CZ
         DC   DE   DG   DN   DV   DX   D2   D6   EI   EK
         EQ   ET   EY   E7   FB   FI   FJ   FS   FV   FZ
         F7   GA   GF   G3   HA   HF   HM   HO   HR   HU
         HX   HY   HZ   H1   H2   IE   IG   IY   IZ   I5
         JA   JJ   JL   JP   JU   J2   J8   KA   KC   KE
         KK   KM   KO   KP   KQ   KR   KU   KX   K2   K5
         K6   LA   LC   LG   LH   LI   LO   LP   LR   LT
         LX   LY   MD   ME   MF   MH   MI   MK   MR   MS
         MU   M7   M9   NF   NH   NN   NT   NU   NX   OA
         OK   OM   OR   OU   OV   OZ   O5   PG   PR   PS
         PW   PX   PY   PZ   P0   P9   QH   QS   QU   QV
         RE   RJ   RO   RQ   R2   R3   SA   SB   SC   SN
         SP   SS   ST   SV   SW   SX   SY   SZ   S2   S3
```

☞ 한국시장에서 E-Ticket이 가능한 항공사 list를 확인할 수 있다. 현재 약 80여 개의 항공사가 E-Ticket 발행이 가능하다.

(2) 항공사별 E-Ticket Condition 확인

HEETTKE → MS106

HE	Help 기본 Entry
ETT	E-Ticket KE 항공사 코드
MS106	확인하고자 하는 마켓의 Reference

Entry 화면 1

```
> HEETTKE
                         KE E-TICKET            EN   11AUG14 0052Z

 MARKET                                                    REFERENCE
 ------                                                    ---------

 JP ES FR IN NO SG SE TH GB IT NL SK IE NZ CH TW TR       MS22
 AU BE DK MY PH CA CZ HK LU MH MP PW GU HU FM ID MO
 AD GF GP MQ RE IS SC SI MX BR RU HR CY PT EG FI VN
 MN QA OM BH AE UA PE MT CL BO KE KZ KG CO NG ZA LK
 EE LT LV RO BG AR NP EC PA CR CR KR IL PL


 DE AT                                                    MS64

 US                                                       MS106

MS106
                         KE E-TICKET            EN   11AUG14 0052Z
     FOR E-TICKETING IN AMADEUS, ENTER: HE ETT



KE ELIGIBILITY RULES FOR E-TICKETING IN THE FOLLOWING MARKETS:
US

(Y - SUPPORTED, N - NOT SUPPORTED)
ABP ALLOWED                   :N   FOID MANDATORY                   :N
INF TICKET ALLOWED            :Y   MAX NUMBER OF PASSENGERS         :99
UMNR TICKET ALLOWED           :Y   GROUP PNRS ALLOWED               :Y
CONJUNCTION TKT ALLOWED       :Y   MAX NUMBER OF SEGMENTS           :16
MULTI TOUR CODES ALLOWED      :N   OPEN SEGMENTS ALLOWED            :Y
FY BULK (US ONLY) ALLOWED     :N   CONF SEG MANDATORY WITH OPEN     :Y
IT/BT FARES ALLOWED           :Y   WAITLISTED SEGMENTS ALLOWED      :Y
NET REMIT ALLOWED             :Y   CONF SEG MANDATORY WITH W/L      :Y
NEGO FARES ALLOWED            :Y   PASSIVE SEGMENTS ALLOWED         :Y
COMPANION FARES ALLOWED       :N   E INDICATOR WITH PNR CLAIM       :N
```

☞ Market별 대한항공의 E-Ticket 기능을 확인할 수 있으며, 미국시장의 E-Ticket 기능을 확인하고자 한다면 다음과 같이 MS106을 추가로 입력하면 조회할 수 있다.

2) 특정 항공사의 Interline(Agreement Table) 항공사 확인

TGAD-KE/CX

TG : 기본 Entry

AD : Airline Table Display

\- : 구분키

KE/CX : KE와 CX의 Interline 확인

KE는 Validating Carrier(발권항공사)

CX는 Other Carrier(대한항공항공권(Stock)에 발권하는 항공사)

Entry 화면 1

```
> TGAD-KE/CX

--AIRLINES HAVING AGREEMENT WITH: KE
CX   T P E
>
```

☞ KE는 CX와 (T P E) 협약이 되어 있다.

T - Paper Automatically Ticket

P - PTA

E - Electronic Ticket

종이항공권, 전자식항공권, PTA(Prepaid Ticket Advice: 사전구입)항공권, 전자항공권에 대한 협약이 맺어져 있음을 보여준다.

TGAD-KE

☞ TG :기본 지시어

AD : Airline Table Display

- : 구분키

KE : KE의 Interline 항공사 List 확인

Entry 화면 1

```
> TGAD-KE

--AIRLINES HAVING AGREEMENT WITH: KE
AA  TPE - AB  TPE - AC  TPE - AD  TP  -
AE  TP  - AF  TPE - AH  TPE - AI  TPE -
AM  TPE - AP  TPE - AR  TPE - AS  TPE -
AT  TPE - AV  TPE - AY  TPE - AZ  TPE -
A3  T E - BA  TPE - BD  TPE - BG  TPE -
BI  TPE - BR  TPE - BT  T E - BU  TP  -
BW  TPE - B6  T E - B7  TP  - CA  TPE -
CI  TPE - CM  TPE - CO  TPE - CS  TP  -
CX  TPE - CY  TPE - CZ  TPE - DH  TP  -
DL  TPE - DM  TP  - ED  TP  - EK  TPE -
EN  TPE - EQ  TPE - ET  TPE - EY  TPE -
E4  TP  - FJ  TPE - FM  TPE - FT  TPE -
FV  TP  - F9   P  - GA  TPE - GE  TPE -
GF  TPE - GN  TP  - GU  TP  - G3  TPE -
HA  TPE - HM  TP  - HP  TP  - HR  T E -
HU  TPE - HY  TPE - HZ  T E - IB  TPE -
IE  TPE - IR  TPE - IT  TPE - IY  TPE -
IZ  TPE - JJ  TPE - JK  TP  - JL  TPE -
JM  TPE - JO  TPE - JP  TPE - JR  TP
JU  TPE - J2  TPE - KA  TPE - KC  TPE -
KL  TPE - KM  TPE - KQ  TPE - KU  TPE -
)>
```

3) 특정 Market의 BSP 가입 항공사 List 확인

TGBD-KR

☞ TG : 기본 Entry

BD : BSP Display

\- : 구분키

KR : 확인하고자 하는 Market

Entry 화면 1

```
> TGBD-KR

--BSP/ARP PLAN FOR: KR  REPUBLICOFKOREA
AA   AC   AF   AI   AM   AR   AT   AV
AY   AZ   BA   BI   BR   BT   BX   B7
CA   CI   CM   CX   CZ   DL   DT   EK
ET   EY   FJ   FV   GA   GE   GF   G3
HA   HM   HO   HR   HU   HX   HY   IZ
JJ   JL   KC   KE   KL   KQ   KR   KU
K6   LA   LH   LJ   LW   LX   LY   MD
MF   MH   MK   MR   MU   NH   NX   NZ
OK   OM   OS   OZ   PC   PG   PR   PS
PW   QF   QR   RA   RJ   SA   SB   SC
SK   SQ   SU   S7   TG   TK   TP   TW
TZ   UA   UL   UN   US   VN   VT   WY
XB   YO   ZE   ZH   Z2   3U   7C   8M
9B   9W
>
```

한국시장에서 80여 개 항공사가 BSP에 가입되어 있다.

4) 한국 Market에서 KE의 BSP 가입 여부 확인

TGBD-KR /KE

Entry 화면 1

```
> TGBD-KR/KE
KE  IS A BSP AIRLINE OF KR  REPUBLICOFKOREA
>
```

5) 한국 Market의 BSP 가입되어 있지 않은 항공사의 정산 항공사 List

TGGSD-KR

☞ TG : 기본 Entry

GSD : GSA Table Display

\- : 구분키

KR : 확인하고자 하는 Market

Entry 화면 1

```
> TGGSD-KR

 COUNTRY  -  KR
                    GENERAL SALES AGENT
 AA -      TW
 AF -      UU
 CA -      ZH
 CX -      KA
 HR -      AD   AE   AM   AR   AS   AT   AV   AZ   A3   A9
           BE   BG   BH   BI   BP   BR   BT   BV   BW   B2
           B5   B6   B7   CA   CI   CM   CU   CX   CY   CZ
           DC   DE   DG   DN   DV   DX   D2   D6   EI   EK
           EQ   ET   EY   E7   FB   FI   FJ   FS   FV   FZ
           F7   GA   GF   G3   HA   HF   HM   HO   HR   HU
           HX   HY   HZ   H1   H2   IE   IG   IY   IZ   I5
           JA   JJ   JL   JP   JU   J2   J8   KA   KC   KE
           KK   KM   KO   KP   KQ   KR   KU   KX   K2   K5
           K6   LA   LC   LG   LH   LI   LO   LP   LR   LT
           LX   LY   MD   ME   MF   MH   MI   MK   MR   MS
           MU   M7   M9   NF   NH   NN   NT   NU   NX   OA
           OK   OM   OR   OU   OV   OZ   O5   PC   PR   PS
           PW   PX   PY   PZ   P0   P9   QH   QS   QU   QV
           RE   RJ   RO   RQ   R2   R3   SA   SB   SC   SN
           SP   SS   ST   SV   SW   SX   SY   SZ   S2   S3
```

☞ TW항공사는 AA, UU항공사는 AF, AP항공사는 AZ, KA항공사는 CX항공사의 항공권(Stock)으로 발권 후에 상대 항공사와 정산함.

6) 발권하고자 하는 Terminal의 E-Ticket 발권 여부 확인

(1) Office에서 발권할 수 있는 항공사 List 확인

PVA/ELT

☞ PVA : Office Profile View 기본지시어
PVA에서 E-Ticket Setting 확인
/ELT : Electronic Ticketing

(2) Agent에서 발권할 수 있는 항공사 List 확인

JGD/TKD

☞ JGD : Agent Profile View 기본지시어
Agent Profile에서 E-Ticket Setting 확인(대리점에서 발권 여부 확인)
/TKD : Ticketing Default

(3) Office에서 발권할 수 있는 항공사 List 확인

PVA/LAT

☞ PVA : Office Profile View 기본지시어
Office에서 발권할 수 있는 항공사 확인
/LAT : List of Auth Carrier(발권할 수 있도록 승인된 항공사 목록)

2 TST(Transitional Stored Ticket)

☞ HE TST

TST는 Pricing and ticketing 정보 Field라고 할 수 있다. TST란 운임저장 후 발권을 위해 필요한 모든 정보가 담겨 있는 Field로서 항공권 발권 시 입력해야 할 첫 번째 필수 요소이다. SEG별로 승객당 최대 10개의 TST 생성이 가능하나 여정 중복은 불가하다. 하나의 TST로 복수 승객 적용이 가능하다.

TST는 TST 생성일 당일 자정까지 유효하므로, 다음날 발권할 경우는 Repricing이 필요하다.

TST종류	내용
Automatic TST(AST)	FXP 시 자동생성된다. ARNK 포함 16개 SEG까지 가능하나 해당 국가 정책에 따라 ARNK 포함 28개 SEG까지 가능하다.
Manual TST(MST)	TST를 수동으로 입력하거나 자동으로 생성된 TST를 수정하는 경우에 사용한다. FCMI(Fare Calculation Method Code)가 '1'로 표시됨.

3 E-Ticket 발권 구성요소

자동 발권을 위한 PNR은 예약 PNR상에 발권을 위한 필수 항목 및 선택 항목을 추가로 입력함으로써 이루어진다.

1) 전지항공권의 발권을 위한 구성요소

① TST(Transitional Stored Ticket)(운임저장 정보)

② FM Element: Commission(HE FM)(수수료 입력)

③ FV Element: Validating Carrier(HE FV)(발행항공사)

④ FP Element: Form Of Payment(HE FP)(지불 형태)

⑤ FE Element: Endorsement 및 Restriction(HE FE)(항공권 양도)

⑥ FT Element: Auth No 및 Tour Code(HE FT)(승인번호 및 요금코드)

⑦ FS Element: Conjunction Ticket Number-(연결항공권번호)-KE ONLY

⑧ DISC Element: DISC 금액 설정(TTN/D)-(할인운임)

2) 자동운임 산출 지시 응용 Entry

ENTRY	내용
FXP FXP/R,20JUN12	기본조회, 과거발권일 조회(1년 전까지만 조회)
FXP/P1 FXP/P1-3	1번-3번까지 승객 지정
FXP/S4 FXP/S1-3	PNR SEG 지정(PNR상의 운임을 계산하고자 하는 여정만 지정)
FXP/INF	유아만 요금 조회
FXP/PAX	성인 및 소아 승객 지정
FXP/RSD FXP/P2/RSC	할인코드 지정
FXP/RCH*ZZ*SD	할인코드 복수 지정(최대 6개까지 조회 가능)
FXP/RGV	단체운임 지정
FXP/B4 FXP/B4/B6	Fare Break Point(운임산출마디) 지정
FXP/R,SEL,MNL	판매지, 발행지 지정
FXP/R,VC-KE	발권항공사 지정
FXP/S2RW FXP/S2,RW,3-8,10	세계일주여정/ 일부 SEG 지정
FXP/S2RW/L-YRTWSKY1	세계일주여정, Fare Basis Override
FXP/R,ET FXP/R,ET-YQ-BP	Tax 면제 지정/일부 Tax 면제 지정
FXP/R,WC FXP/R,WC-YQ-BP	Tax 제외 지정/일부 Tax 제외 지정
FXP/R,U FXP/R,U123001	Unifares/Corporate 지정
FXP/R,NEGO	Negotiated Fares
FXP/P1/RCH//P2/RZZ	승객별 할인유형 지정

3) TST 조회 응용 Entry(입력 지시어)

TST 번호별 지시

구분	ENTRY 및 설명
성인+소아+유아 (모든 승객)	TQT: TST 조회 TQT/S3-4: PNR SEG 3-4번 포함하는 TST만 조회 TQT/T1: 1번 TST만 조회 TQT/P1: 1번 승객 TST만 조회 TQT/S3-4/P1: PNR SEG 3-4번 포함, 1번 승객 **DISC 적용된 경우, 할인금액 표시하여 TST 조회 시 TQT 대신 TQN 입력**
성인+소아 TST (유아 제외)	TQT/PAX: TST 조회 TQT/PAX/S3-4: PNR SEG 3-4번 포함하는 TST만 조회 TQT/PAX/P1: 1번 승객 TST만 조회 TQT/PAX/S3-4/P1: PNR SEG 3-4번 포함, 1번 승객의 TST 조회 **DISC 적용된 경우, 할인금액 표시하여 TST 조회 시 TQT 대신 TQN 입력**
유아 TST ONLY	TQT/INF: TST 조회 TQT/INF/S3-4: PNR SEG 3-4번 포함하는 TST만 조회 TQT/INF/P1: 1번 승객 TST만 조회 TQT/INF/S3-4/P1: PNR SEG 3-4번 포함, 1번 승객의 TST 조회 **DISC 적용된 경우, 할인금액 표시하여 TST 조회 시 TQT 대신 TQN 입력**

4) 수동 TST 작성 및 삭제 Entry

- 문자와 문자, 숫자와 숫자는 띄어쓰기, 문자와 숫자는 붙여 쓰기
- 수정 Entry는 별도로 없으며, 수정사항을 반영하여 동일한 Entry로 입력하면, 새로 입력된 사항으로 대체된다.
- Manual로 입력 도중 TTC 지시어를 다시 입력하면 기존 입력사항이 모두 삭제되므로 주의한다.

※ 수동운임 TST 작성 Entry Option

Entry	기능
TTC	Empty TST 입력란 열기
TTK/VXX20JUN	MIN/MAX 입력(MIN 없으며, MAX은 20JUN)
TTK/A20K	전여정 20KG(수하물)
TTK/FKRW1750000/X28000BP/X26500YQ/X15600XT	SHOW 금액과 TAX 입력
TTK/FJPY12000/EKRW169000/X28000BP/X237000XT	출발지국 통화 운임, 지불 통화 운임과 TAX
TTK/CSEL KE BKK 633.15KE SEL 633.15NUC1374.30END ROE1234.00	마디별 운임 내역
TTK/BBLEE1M	Fare Basis 입력
TTK/BYHEE1M/V10JAN25JAN/A20K	Fare Basis/최소(min)/최대(max)/수하물 한꺼번에 입력 가능

※ TST 삭제

Entry	기능
TTE/ALL	모든 TST 삭제
TTE/PAX	성인+소아 승객의 TST 삭제(유아 제외)
TTE/INF	모든 유아 TST 삭제
TTE/T1,3	TST 1, 3번만 삭제
TTE/T1/P1	1번 승객의 TST 1번 삭제

CHAPTER 11 항공권의 발행

전자항공권을 발급하기 위해서는 앞장에서 살펴보았듯이 항공권 확보를 위한 Capping 신청 및 전자발권이 가능한 항공사 정보의 조회, 전자발권 규정 등을 확인하는 과정이 필요하다.

승객의 여정에 맞는 조건을 이용하여 올바른 운임을 저장한 이후에 항공사가 제시하는 발권 규정에 알맞은 내용으로 항공권을 발행하는 것은 승객이 무사히 여행을 마칠 수 있는 중요한 요소이다. 지금까지 학습한 여러 가지 운임규정, 운임계산 등을 이용하여 최종적으로 항공사의 발권 규정에 알맞은 기능을 통해 승객의 항공권을 발행할 수 있다.

1 발권지시어

예약 PNR Display 후 운임계산 저장

FXP	→생략	FXT2	→	FR	→	TQT 또는 TQN

[FXP] : Fare Pricing

[FXT2] : Pricing된 운임이 2개 이상인 경우 운임 선택 및 운임 TST 생성, 운임이 1개인 경우 생략 가능, 승객이 2명 이상인 경우 승객지정 필수

[ER] : TST 저장 및 PNR 조회

[TQT] : 저장된 TST 확인(NO DISC 경우), [TQN] 저장된 TST 확인 (DISC 적용된 경우)

FM 입력(DISC 금액 입력 필요 시 입력)

FM5G, FM5N(TTN/D 할인금액 입력), ※ DISC 금액 확인은 TQN

2 발권지시어 항목별 입력 형태

항공사가 갖고 있는 각종 발권 규정에 따라 승객의 운임조건에 필요한 항목과 발권에 필요한 지불수단, 할인금액, 항공권 제한사항 등을 입력하여야 한다. 발권항공사, 지불수단, 발권수수료는 최소 필수 항목이며, 항목별 입력 지시어는 순서대로 입력하지 않아도 된다.

입력지시어	조건 내용
Commision	발권수수료 지정
FM0G FM5N	Zero Comm(No Comm) 5 Comm(판매가(Net) 기준 5%) 지급
할인금액 입력	(할인금액 = 공시운임 – 판매가)
TTN/D50000 TTN/T1/D10000	TTN: Discount 입력 지시어 50,000 할인 TST 1번 운임의 Disc 금액
FOP	지불수단(Mask를 이용한 자동입력)
FPCASH FPCASH+CCVI1111222233334444/0119/N12345678/KRW150000	현금지불 혼합지불 [KRW150000] 15만원만 신용카드 나머지 현금
FPPAXCCVI1111222233334444/0519 /P1	성인과 동반 유아 승객의 FOP가 다른 경우 [PAX]: P1의 성인만 신용카드 지불
FPINFCASH/P1	[INF]: P1의 동반 유아만 현금 지불
DECCVI4444333322221111/0119/E03/SC-E/KRW500000/CX	Manual 카드 승인
양도 및 제한사항 입력	
FENON-ENDS	Endorsement & Restriction 입력 기본 지시어
발권항공사 지정	
FV/KE	V: validiating carrier 입력 지시어, KE: 발행항공사
항공사 AUTH번호/TOUR code 입력	
FT*3SDQINS	DISCOUNT CODE 입력

3 세부 항목별 기능

1) Commision 입력(FM Element)(HE FM)

항공사를 대신하여 승객의 항공권 발권업무를 대행하는 여행사는 발권금액에 대한 수수료를 발권시점에 공제한다. 수수료는 운임(Fare)과 부가적인 비용에 대해서만 계산되며, Tax(공항료)에서는 징수되지 않는다. 노선 및 항공사에 따라 제공되는 수수료율(%)이 다르며, 최근 항공사가 지급하는 발권수수료가 점점 폐지되고 있는 실정이다.

Full Comm은 공시운임(Tax 불포함 Shown 금액)에서 Comm이 제공되는 경우이며, Net Comm은 판매금액(Tax 불포함 Shown 금액에서 Discount 금액)에서 Comm이 제공되는 것을 말한다. Net Comm을 입력할 경우에는 Discount 금액이 발생한 것으로 간주하기 때문에 반드시 할인금액을 입력해야 한다. 또한 Comm이 없는 경우에도 FM0N이나 FM0G를 입력하여 No Comm임을 나타내주어야 한다. 다음은 수수료 입력 지시어로, 승객별로 지정할 경우 맨 뒤에 /P1으로 지정하여 승객번호를 연결할 수 있다.

입력 지시어	기능	구분
FM9G FM0G/P2,4	FM: 기본 지시어 9G: 모든 승객 총액(Gross)에 9COM 승객번호 2, 4번만 0 COmm 입력	Full Comm
FM9N FM5N/P2,4	FM: 기본 지시어 9N: 모든 승객 지불금액(Net)에 9COM 승객번호 2, 4번만 5 Comm 입력	Net Comm
FMPAX9G FMPAX0N FMPAX0N/P2,4	유아 제외 모든 승객 9 Com 유아 제외 모든 승객 0 Com 승객 번호 2, 4번만 0 Comm 입력	Full Comm Net Comm
FMINF9G FMINF0N	유아승객만 9 Com 유아승객만 0 Com	Full Comm Net Comm

수정기능은 따로 없으며, XE 8(8: 해당 Line번호) 입력으로 삭제 후 다시 입력할 수 있다.

☞ 다른 승객과 TST 번호가 동일하게 사용된 경우에는 승객번호(/P2,4)를 지정하면, TQT로 조회 시 해당 승객에 대한 새로운 TST가 부여된다.

2) 할인금액 입력(Disc Element)

항공권을 판매하는 항공사에서 노선에 따라 공시운임을 할인 없이 판매하는 경우도 있고, 공시운임과는 별도로 판매가격을 설정해 놓은 경우도 있다. 할인이 제공되는 경우 할인금액에 대한 정보를 입력해야만 올바른 수수료 및 지불금액이 계산될 수 있다. TST 번호별 지시 맨 뒤(예: /T1)로 TST 번호 지정이 가능하며, 승객번호/SEG번호/PAX로 입력한다. 이때, INF는 지정불가하다.

입력 지시어	기능
TTN/D50000	TTN: Discount 입력 기본 지시어 /D: Discount 약어 50000: Discount 금액(50,000원 할인)
TTN/D10000/T1	TST 1번 운임의 Disc 금액 입력

수정기능은 따로 없으며 새로운 disc를 입력하면 New 금액으로 대체된다.

Discount 금액 입력 후, 입력된 disc 금액 삭제는 불가하며, TTN/D0/T1 (T1: TST 번호-필요시)으로 입력한다.

DISC 금액이 표시된 TST를 확인하려면 TQN/T1(T1: TST 번호)로 확인할 수 있다.

3) 지불수단 입력(Form of Payment Element)(HE FP)

승객이 항공운임을 지불하는 방법에는 현금지불과 카드지불이 있으며 두 가지 지불수단을 혼합하여 결재하는 경우도 있다. 승객의 항공권 구입의 지불방법이 승객별로 다른 경우에는 승객별 지시어 맨 뒤에 승객 번호를 지정할 수 있다.

입력 지시어	기능
FPCASH FPCASH/P1,3	FP: 기본 지시어 CASH: 현금지불 1, 3번 승객 현금지불
FPCCVI1111222233334444/0525*E06/N123456	카드지불 CC: Credit Card의 약자로 카드지불 지시어 VI 1111..: 가드번호 16지리 (VI-VISACard,MC-MasterCard,BC,AX,DC) 0519: 카드유효기간 월년 E06: 6개월할부개월수(일시불인 경우 생략) N123456: 승인번호(수동으로 입력 시)
FPPAXCCVI1111222233334444/0519 /P1	성인과 동반 유아 승객의 FOP가 다른 경우 [PAX]: P1의 성인만 신용카드 지불
FPCASH+CCVI1111222233334444/0125/N12345678/KRW150000	혼합지불 [KRW150000] 15만원만 신용카드 나머지 현금
FPPAXCASH+CCVI1111222233334444/0125/N12345678/KRW150000	성인+소아 TST(유아 제외)
FPINFCASH/P1	[INF]: P1의 동반 유아반 현금지불
FPINFCASH+CCVI1111222233334444/2025*E00/KRW150000	유아 TST만 15만원 카드, 나머지 현금

4) 양도 및 제한사항 입력(Endorsement 및 Restriction)(HE FE)

항공사의 할인이 제공되거나 항공운임의 종류에 따라 다른 항공사로의 양도가 안 되는 경우가 있으며, 여정변경이나 환불 등의 제한사항이 발생한다. 사용하는 운임에 제한사항이 적용되는 경우에 항공권 발행 시 Endorsement Box에 해당 사항을 반드시 표기하여야 한다. 기본 지시어는 FE이며, 이후에는 형식에 제한이 없으며(Free format), 선택입력항목으로 최대 123Byte까지 입력가능하다.

입력 지시어	기능
FENON-ENDS FENON-ENDS/P1	FE: 입력 기본 지시어 NON-ENDS(타 항공사 탑승 전환 불가) /P1: 1번 승객만 입력
FEPAXNON-ENDS FEPAXNON-ENDS/P1	유아 제외 성인+소아 TST 입력 1번 승객에 NON-ENDS만 입력
FEINFNON-ENDS	유아 TST에만 입력

삭제 시에는 XE9(9는 라인번호)로 삭제할 수 있으며, 이미 입력된 FE Line에 추가 입력을 삽입할 수 있다.

예) 13//NON-REFUND

타 승객과 TST 번호가 동일하게 사용된 경우, FE 입력 시 승객번호(/P2,4)를 지정하면, TQT로 조회 시 해당 승객에 대해 새로운 TST가 부여된다.

☞ 수정: 13/NO DATE CHANG ALLOWED(13번 Line에 기 입력된 FE 입력사항 수정 지시어)

5) 항공사 AUTH 번호 및 TOUR CODE 입력: (FT Element)(HE FT)

항공사의 할인이 적용되는 경우 해당 항공사는 노선별, 운임별 할인여부에 대한 승인번호를 항공권에 표기하도록 하고 있다. 이를 AUTH 번호라고 하며, 때에 따라서 Discount Code를 입력해야 하는데 항공사에 따라 입력하는 위치가 달라질 수 있다. Endorsement 항목이나 지불수단항목에 입력하는 경우도 있지만 보통 Tour Code란에 입력한다. 승객별 Code가 다른 경우에는 지시어 뒤에 /P1로 승객번호를 지정한다.

입력 지시어	기능
FT*3SDQINS	FT*: 입력 기본 지시어 AUTH NO(또는 Tour Code) 3SDQINS 입력
FTPAX*3SDQINS FTPAX*3SDQINS/P1	유아 제외 성인+소아 TST에만 승인번호 입력 유아 제외 성인+소아 TST의 1번 승객에만 승인번호 입력
FTINF*3SDQINS FTINF*3SDQINS/P1	유아 TST에만 승인번호 입력 1번 승객에 승인번호 입력

삭제 시에는 XE9(9는 라인번호)로 삭제할 수 있으며, 수정 시에는 14/*3SDQINS로(14번 Line에 이미 입력된 Auth No 수정) 수정가능하다.

가격관련 승인번호인 경우에 일반적으로 FT로 입력하며 FT는 1개만 입력가능하여, 가격승인번호가 2개 이상일 경우에는 추가로 FE 사항으로 입력할 수 있다.

☞ 입력 지시어에 .(점), /(슬래시), -(하이픈) 이외의 특수문자(*~$) 등은 입력할 수 없으며, 타 승객과 TST 번호가 동일하게 사용된 경우, 승객번호(/2,4)를 지정하면, TQT 조회 시 해당 승객에 대해 새로운 TST가 부여된다.

6) Conjunction 항공권 지정(FS Element)(HE FS)

좌석을 점유하지 않는 유아의 경우 동반하는 성인항공권의 번호나 생년월일 등을 입력할 때 사용하는 지시어이다. 또한, 미국 내 VUSA(Visit USA) 요금 등이나 국내 특별요금을 사용할 경우 국제선 왕복항공권의 번호를 입력해야 하는 경우에 사용한다.

입력 지시어	기능
FSCONJ 180-12345678 FSCONJ 180-12345678/P1	FS: 입력 기본 지시어 Conj(연결항공편의 약어) 180-12345678: 연결된 항공권 번호 /P1: 1번 승객에 Conj 번호 입력
FSPAXCONJ 180-12345678 FSPAXCONJ 180-12345678/P1	유아 제외 성인+소아 TST 입력 1번 승객에만 Conj 번호 입력
FSINF180-12345678	유아 TST에만 입력

7) 발권항공사 지정(FV Element)(HE FV)

승객의 여정 중에 탑승항공사가 하나만 존재하는 경우에는 해당 운항항공사를 발권항공사로 지정하게 되지만, 여정 중에 복수의 탑승항공사가 존재할 경우에는 승객이 운임을 지불하게 되는 항공사를 별도로 발권항공사로 지정해야 하며, 발권 지정된 항공사는 항공권 발행의 권한과 책임을 가지게 된다. 일반적으로 서울출발 OUT-BOUND 구간에 대한 운송을 책임지는 항공사가 할인제공이 가능하므로 할인을 받는 항공사를 발권항공사로 지정하게 된다. 미주노선의 경우 태평양 횡단노선을 운행하는 항공사를 발권항공사로 하며, 유럽노선에서도 할인율이 많은 항공사를 발권항공사로 정한다. 수정기능은 없으며, 삭제 후 XE10(10은 FV 해당 Line번호)을 이용해 삭제 후 다시 입력한다. 일반적으로 FXP 실행 후 TST 생성 시 자동으로 입력되며, 타 승객과 TST 번호가 동일하게 사용된 경우, 승객번호(/P2,4)를 지정하면, TQT로 조회 시 해당 승객에 대해 새로운 TST가 부여된다.

지시어	설명
FV/KE FV/KE/P1	FV: 기본 지시어 V: validiating carrier 입력 지시어, KE: 발행항공사 /P1: 1번 승객 발권 항공 KE로 지정
FV/PAXKE FV/INFKE	유아 제외 성인+소아 TST 유아 TST Only

8) 발권지시

승객과 TST 번호 결합하여 발권지시 불가하며, TTP/PAX와 TST 번호 결합도 지정할 수 없다.

TTP/TKT
O.K TO TICKET

지시어	설명
TTP TTP/RT TTP/T1/RT TTP/P1,3/RT	발권 기본 지시어 발권 후 PNR 조회 1번 TST만 발권 후 PNR 조회 1번, 3번 승객만 발권 후 PNR 조회
TTP/PAX/RT TTP/PAX/P1/RT	유아 제외 성인+소아 TST의 발권지시 후 PNR 조회 1번 승객만 발권 후 PNR 조회
TTP/INF/RT TTP/INF/P1,3/RT	유아 TST Only 발권지시 후 PNR 조회 1번, 3번 승객만 발권 후 PNR 조회

☞ 발권 입력 TTP 입력 후 응답메시지에 OK TO TICKET이 나오면 발권된 것임.

4 발권 절차

사례 1) 성인, Disc 적용, No-comm, 지불수단(현금)

① RT 1234567	: PNR 조회
② FXP	: 자동운임 산출 및 TST 생성-FXT2(운임 2번 선택)
③ TTN/D30000	: 30,000원 할인금액 입력
④ FENON-ENDS	: ENDS 사항 입력
⑤ FMON	: No Comm
⑥ FP CASH	: 현금지불
⑦ RFP;ER	: Received From 및 입력사항 저장
⑧ RT	: 예약 및 입력사항 재확인
⑨ TQT	: TST 정보 재확인-DISC 있는 경우 TST 정보 재확인: TQN
⑩ TTP/RT	: 발권지시(TTP) 및 PNR 조회

입력 지시어는 반드시 순서대로 입력하지 않아도 되지만, 입력 후에는 ER로 저장하며, 발권지시어는 맨 마지막에 오게 된다.

사례 2) 성인/소아(Disc 10만원, 소아 70,000) No-comm,
지불수단(성인 현금/소아 카드 – 3개월 할부)

구분	성인	소아
PNR 조회	RT 2345678	
운임 산출 및 TST 생성	FXP	
TST 조회	TQT/T1	TQT/T2
NON-ENDS 입력	FENON-ENDS	
AUTH No	FT*3SCQINJ	
DISC 금액 입력	TTN/D100000	TTN/D70000
COMM 정보 입력	FM0N	
지불수단 입력	FPCASH/P1	FPCCVI12345678999911111/0517 *E03/N1234567/P2
DOB 입력 (Date of Birth)		TQT/2→ 12//DOB02MAY11 FE가 입력된 해당 Element 번호에 내용 추가
Conj Tkt번호 입력		FS CONJ 180-123456789/P2 12//988-123456789 FE가 입력된 해당 Element 번호에 내용 추가(대한항공 외 항공사)
TST 확인(DISC 정보 포함)	TQN/T1	TQN/T2
발권지시	TTP/P1/RT	TTP/P2/RT

2) 발권 후 PNR 조회

TTP/ RT

```
Entry 화면 1

> rt2


--- TST TSM RLR ---
RP/SELK1338F/SELK1338F           AA/SU  18MAR16/0724Z   3DN6VV ①
1915-6302 ②
  1.KIM/KIHONGMR ③
  2  TG 659 V 22MAR 2 ICNBKK HK1  0935 1330  22MAR  E  TG/3DN6VV
  3  TG 656 V 31MAR 4 BKKICN HK1  2330 0655  01APR  E  TG/3DN6VV ④
  4 SVC XB HK1 TASF-*** 18MAR/KRW 30000/*TRAVEL AGENT SERVICE FE
    E
  5 AP 031-915-6302TOUR LEADERS YANG
  6 AP 010-9187-6302
  7 APM 010-9187-6302 ⑤
  8 TK OK18MAR/SELKP3701//ETTG ⑥
  9 RM 390000//470000
 10 FA PAX 217-1739186184/ETTG/18MAR16/SELKP3701/17302401/S2-3
 11 FA PAX 954-0079510584/VTXB/KRW30000/18MAR16/SELKP3701/173024 ⑦
       01/S4
 12 FB PAX 1800069132 TTP/RT OK ETICKET/S2-3
 13 FB PAX 1800069133 TTM/M1/RT OK VIRTUAL MCO/S4
 14 FE PAX TG OP FLT/DATE SHOWN ONLY/RFD/REBKG FEE
       KRW25000/REFUND WITHIN 90DAYS AFTER TICKET EXPIRY/S2-3 ⑧
 15 FM PAX *F*0.00N/S2-3
 16 FP PAX CCVIXXXXXXXXXXXX9912/0321*E00/A52618140/S2-3 ⑨
 17 FT PAX *F*KOR5A13P/S2-3 ⑩
 18 FV PAX *F*TG/S2-3 ⑪
)>
```

① 순서대로 Office IDs for the responsible office and queuing office, Agentsign/Duty Sign, 예약 작성한 또는 최종 업데이트한 날짜 및 시간

② 예약번호

③ Name Field

④ Itinerary Field

⑤ Fone Field

⑥ TL Field(TKTL → 발권 후 TKOK로 변경)

⑦ Ticket Number Field(승객별로 생성)

⑧ The Amadeus Interface Record(A.I.R) Sequence Number Field)

(TST 별로 생성)

00007245 : 일련번호, 시스템이 자동부여

⑨ 지불수단(FOP)

⑩ Tour Code

⑪ Validating Carrier

3) E-Ticket 이미지 조회

항공권 발행 후 E-Ticket을 조회하기 위해서는 PNR을 이용하거나 항공권 번호를 이용하는 방법으로 다양하게 조회할 수 있다.

ENTRY	설명
TWD	항공권 번호가 하나일 때
TWD/L6(라인번호 6번)	항공권 번호가 여러 개인 경우 지정
TWD/TKT180-5950100094	항공권 번호로 E-Ticket 조회
TWD/1	TWD List에서 선택
TWDRL	다시 List로 가기
TWDRT	마지막 조회했던 ET Record 조회 (처음 이미지 조회 후 30분 이내만 가능)
TWD/VKE/TVL09OCTICNHKG-HONG/GILDONG	발권항공사, 출반인, 구간, 승개명으로 조회

★ E-Ticket Record를 먼저 조회한 후 History 조회

TWD → TWH

TWD → TWH/L6

첫 번째 단계		중간 단계		마지막 단계	
O	OPEN	A	Airport Control	F	Flown
		C	Checked In	V	Void
		L	Lifted/Boarded	R	Refunded
		I	Irregular Operations	E	Exchanged
		S	Suspended	P	Printed
		U	Unavailable	X	Printed Exchanged
		Y	Refund Tax Only	G	Convert to FIM
				Z	No Longer Usable

☞ Coupon Status를 통해 E-Ticket Coupon의 흐름을 파악할 수 있다.

4) 발권(Ticketing)을 위한 정보 Page -HE

Information Page	설명
HE TKT	Ticketing Help Index
HE CTS	Centeral Ticketing Help Index
HE ETT	E-Ticketing Direct
HE ETT XX	특정항공사 전자항공권 발권 정책 xx는 항공사 two letter code
HE ETT	E-Ticketing Direct
HE ITA	Interline Ticketing Agreement Tables Help (국제선 발권 협정조회)
HE BSP	Bank Settlement Plan(BSP) Airline Reporting Corportation(ARC) Area Reporting Plan(ARP) tables
HE GSA	General Sales Agent Tables help(총판매대리점)
HE CODESHARE	Codeshare Flights Help(공동운항)
HE DO	Flight Information Help(항공정보)
HE TWA	Airline Offices Control Desk Functions Help (항공사 기능)
HE TWC	Airline control Desk Function help
GGPCA	Participating Carrier Agreement Pages
GGPCAXX	Airline specific Participating Carrier Agreement Pages (xx는 항공사 코드)
GGASKPRO	Office Profile Help
GGAIRXX	Airline-Specific Help Pages(xx는 항공사 코드)

연습문제

1. 항공권을 발행하기 위한 세부 항목별 기능을 설명한 것이다. 올바르지 않는 것은?

   1) FV/KE: 발권항공사를 지정
   2) TTN/D30000: 공시운임에서 30,000원을 할인
   3) FM9G: 발권수수료를 할인된 판매금액에서 9% 징수
   4) FPCASH: 지불수단이 현금임을 표시

2. 다음의 조건으로 발권하기 위해 기능별 지시어 설명으로 틀린 것은?

① FXP	:	자동운임 산출 및 TST 생성
② FM0N	:	No Comm
③ TTN/D30000	:	30,000원 할인금액 입력
④ FENON-ENDS	:	ENDS 사항 입력
⑤ FP CASH+CCVI12340592348/0119/KRW500000	:	혼합지불방식으로 현금지불 500,000만원

3. 전자항공권의 발행을 위한 운임 산출 과정이다. 다음 빈칸에 알맞은 지시어를 쓰시오.

FXP	→	FXT2	→		→	TQT 또는 TQN

4. 전자항공권으로 발권된 경우 E-Ticket Record에서 Coupon의 사용상태를 나타내는 Coupon status가 있는데 그 설명 중 올바르지 않는 것은?

1) OPEN: 발권된 첫 상태를 의미한다.
2) CKIN: 항공권 탑승을 위해 공항에서 좌석배정을 진행하고 있는 상태이다.
3) EXCH: 항공권 발권 후 승객의 이름을 변경한 상태를 의미한다.
4) USED: 항공권이 탑승완료된 상태를 의미한다.

5. 다음 조건에 맞게 가장 저렴한 운임으로 발권하기 위한 PNR(예약과 발권 data)을 작성하여 발권한 후, PNR을 조회하여 프린트하여 제출하시오.

조건: 일반석, 예약완료 일주일 이후 발권, Booking Class 준수, 전화번호 임의 지정 승객명: 본인, Gong/Yoo MR 여정: 좌석이 없거나 스케줄이 없는 경우 조건에 주어진 날짜와 근접한 날짜로 예약, 편명은 임의 예약 2월 10일 SEL/ LON KE 5월 25일 PAR/ SEL KE NO, COMM, NO D/C 지불수단: 전액 현금

6. 다음 E-Ticket에 대한 설명으로 틀린 것을 고르시오.

```
TKT-1805591038819        RCI-                        1A LOC-SVMQ7N
 OD-SELSEL  SI-      FCPI-1   POI-SEL  DOI-14NOV18  IOI-00039911
   1.HONG/GILDONG MR            ADT        ST  N
 1 O ICNCGK      KE   627 E 01DEC 1535 OK O      EKEVZRKS
                                                      01JUN 1PC
 2 O CGKICN      KE   628 E 20FEB 2200 OK O      EKEVZRKS
                                                      01JUN 1PC
FARE    N KRW       600000       P KRW       770000
TOTALTAX KRW        127300
TOTAL    KRW        727300         KRW       897300
/FC SEL KE JKT340.25KE SEL340.25NUC680.50END ROE1131.499401
FE 2.NONENDS. RISS CHRG APPLY-KRW70000. RFND PNTY APPLY. NO MILE
 UG.
FP CASH+CCVIXXXXXXXXXXXX1111/1220/KRW300000
NON-ENDORSABLE
```

1) 해당 항공권은 6월 1일까지 사용할 수 있다.

2) 30만원은 카드로 지불하고 나머지 금액은 현금으로 지불하였다.

3) 승객이 지불해야 하는 금액은 총 897,300원이다.

4) E-Ticket 쿠폰 상태는 'Open'으로 사용가능한 상태이다.

CHAPTER 12 여정변경 및 발권 내역관리

항공권을 발권한 이후에 승객의 여정이 변경되어 여정변경을 요청하거나 판매취소나 환불을 요구하는 경우가 발생하는데 판매취소는 발권한 당일에 한해서 발권을 취소할 수 있다. 이를 VOID처리한다고 하며, 만약 판매가 이루어진 당일이 아닌 다음날 이후에 판매취소를 요청하는 경우에는 당일 VOID 처리 외에는 모두 환불처리를 해야 한다. 백화점이나 일반 가게에서 물건을 구입 후 환불을 요청하는 경우에는 승인취소나 현금으로 돌려받고 물건을 반납하게 되지만, 항공권인 경우에는 무형의 좌석이기 때문에 예약취소를 하고 항공권은 환불처리 관리를 통해서 가능하다. 항공권의 BSP 보고 관련하여, 판매 당일에만 취소되고, 그 이후에는 BSP를 통해 항공사로 전송요청한 후 환불이 되기 때문에 시간도 오래 걸린다. 특히 카드로 구입하였을 경우에는 카드회사에 매출 접수하고 사후에 카드회사로부터 고객의 카드로 환불처리되기 때문에 약 1개월 정도 소요된다. 이와 같이 항공권의 발권은 발권 이후에도 승객을 위한 정보 변경 및 DATA 관리가 필요하다.

★ E-Ticket Record를 조회한 후 VOID하기(항공권 발행 취소)

PNR을 조회한 후 VOID를 위한 입력 지시어 → TRDC/L8

8은 LINE 번호

1 Revalidation의 이해

Revalidation이란 E-Ticket 발권 후 승객의 요청에 따라 발권된 날짜 및 시간을 변경하는 경우에 발생한다. Fare에 영향을 미치지 않는 복편 구간의 단순한 날짜 변경이나 편명 변경 시 변경된 PNR의 정보와 기존 발권된 E-Ticket DB를 일치시키는 작업이며 PNR의 예약상황에 여정만을 변경한다면, 승객의 예약상의 여정과 항공권상의 여정이 다르게 되기 때문에 승객이 여행 도중에 항공사와의 Miss Communication 등으로 인하여 불편함을 겪게 될 수 있다. 따라서 변경된 PNR 여정과 동일하게 항공권 Data를 일치시켜야 하는데 이러한 과정을 Revalidation이라 한다. 항공사에 따라서 여행사에서 직접 일치 작업을 진행할 수 있기도 하고, 기능이 허용되지 않는 항공사라면 해당 항공사에 유선을 통해 PNR 여정과 항공권상의 여정을 일치시키도록 요청하기도 한다. Booking Class 및 구간이 상이한 경우에 Revalidation은 원칙적으로 불가하다.

2 Revalidation의 허용범위 및 절차

기본적으로 이름, 운임, Tax, 항공사, 여정이 동일하여 운임의 변화가 없는 범위 내에서 여정변경만이 가능하며 운임이 같더라도 발권된 Coupon이 개수가 변경되는 경우에는 Revalidation이 불가능하다.

승객별, 구간별로 나누어 진행하며, Coupon의 Status가 Open 상태이어야 한다. Revalidation에 따른 Penalty 발생 시 재발행(Reissue)이 원칙이나, 항공사에 따라 별도의 규정이 적용될 수 있다.

1) 항공사별 허용 여부 확인

HE ETT KE MS22	HE: Help 기본 지시어 ETT: E-Ticket KE: 확인하고자 하는 항공사 코드 MS22: 해당 마켓

Entry 화면 1

```
> HE ETT KE

                       KE E-TICKET          EN  27DEC19 1428Z

 MARKET                                                REFERENCE
 ------                                                ---------
 AD AE AR AU AZ BE BG BH BO BR CA CH CL CO             MS22
 CR CR CY CZ DK EC EE EG ES ET FI FM FR GB
 GE GF GI GP GR GU HK HR HU ID IE IL IN IS
 IT JO JP KE KG KH KR KW KZ LK LS LT LU LV
 MC MN MO MH MP MQ MT MX MY NG NL NO NP NZ
 OM PA PE PH PL PT PW QA RE RO RU SC SE SG
 SI SK SM SZ TH TR TW UG UA YT ZA MM

 AT DE                                                 MS70


 US                                                    MS112

 VN                                                    MS150

 ELECTRONIC TICKETING DIRECT MARKET                    REFERENCE
 ----------------------------------                    ---------
 KH KR MM PA PY UZ CN                                  MS22

>
```

2) Revalidation 기본 절차

항공사 허용여부 확인	HE ETT KE(KE는 항공사 코드) → MS22(해당 Market에 맞는 국가 Reference 번호) → Revalidation: "Y" 확인
PNR 조회 및 예약변경하기	RT1234567 → SB01MAY3 (PNR의 여정 SEG 3을 5월 1일자로 변경)
E-Ticket 이미지 확인	TWD
운임의 Penalty 규정 확인	FQD 운임조회 → FQN15//PE (운임번호 15번, PE: Penalty Category 코드)
Revalidation하기	TTP/ETRV/S2/L11/E2 TTP/ETRV: Revalidation 지시어 S2: PNR Seg 2번(2번째 여정) L11: PNR의 FA Line번호 11 E2: E-Ticket Coupon번호

☞ PNR상의 두 번째 구간(Seg 2)과 ETR상의 두 번째 Coupon번호(E2)에 해당하는 일정을 일치시키라는 지시어

아래와 같은 절차로 Revalidaton을 실행하며 실행 후 PNR상의 날짜와 E-Ticket Record 날짜가 일치하는지를 확인하여야 한다.

PNR DISPLAY
RT 7733-6789

```
RP/SELK13UA3/SELK13UA3              AA/SU   18FEB20 0305Z   ZTE5PY
7733-6789
1.LEE/KWANGSUMR
2  KE 657 M 10DEC 2 ICNBKK HK1              0735 1150    *1A/E*
3  KE 654 M 24DEC 2 BKKICN HK1              0015 0720    773 E 0 B
4 AP 02-751-7777 BANANA  TOUR
5 AP SEL TBA - TOPAS USER ACCEPTANCE  TESTS TICKETING - A
6 TK OK18JUN/SELK13UA3//ETKE
7 RC SELK13UA3-W/FFOO
8 RM THE TRIP IS INTERNATIONAL
9 RM ENJOY YOUR TRIP IN TH
10 A PAX 180-5950000595/ETKE/KRW1130700/18JUN13/SELK13UA3/17320004/S2
```

TWD

```
TWD
TKT-1805950000595          RCI-                          1A LOC-ZTE5PY
OD-SELSEL  SI-          FCMI-0   POI-SEL DOI-18FEB20  IOI-17320004
1.LEE/KWANGSUMR                         ADT           ST  N
1  O ICNBKK      KE   657 M 10DEC 0735 OK O      MHEEKR 10DEC 1PC
2 O BKKICN       KE    654 M 20DEC 0015 OK O      MHEEKR 10DEC 1PC
FARE     F KRW            1077000
TOTALTAX  KRW             53700
TOTAL     KRW             1130700
/FC  SEL  KE  BKK  Q58.00  400.02KE  SEL  Q58.00  400.02NUC916.04END
ROE1175.686000
FP CASH
NON-ENDORSABLE
FOR TAX/FEE  DETAILS USE TWD/TAX
```

FQDICNBKK/D10DEC/AKE/ILX → FQN1//PE → Penalty 없음을 확인

SB25DEC3 (리턴구간 12월 25일로 변경)

```
SB25DEC3
RP/SELK13UA3/SELK13UA3              AA/SU  18FEB20/0305Z  ZTE5PY
7733-6789
1.LEE/KWANGSUMR
2  KE 657 M 10DEC 2 ICNBKK HK1              0735 1150    *1A/E*
3  KE 654 M 25DEC 2 BKKICN HK1             0015 0720     773 E 0 B
4 AP 02-751-7777 BANANA  TOUR
5 AP SEL TBA - TOPAS USER ACCEPTANCE  TESTS TICKETING - A
6 TK OK18JUN/SELK13UA3//ETKE
7 RC SELK13UA3-W/FFO0
8 RM THE TRIP IS INTERNATIONAL
9 RM ENJOY YOUR TRIP IN TH
10A PAX180-5950000595/ETKE/KRW1130700/18JUN13/SELK13UA3/17320004/S2
```

Revalidation Entry 실행 TTP/ETRV/S3/L10/E2 S3: PNR상의 SEG번호 L10: PNR상의 FA항공권 Line번호 E2: E-Ticket Record상의 Coupon
TTP/ETRV/S3/L10/E2 OK PROCESSED RT77446045 --- TST RLR --- RP/SELK13UA3/SELK13UA3 AA/SU 18FEB20/0305Z ZTE5PY 7744-6045 RF 1.1.LEE/KWANGSUMR 2 KE 657 M 10DEC 2 ICNBKK HK1 0735 1150 *1A/E* 3 KE 654 M 25DEC 2 BKKICN HK1 0015 0720 773 E 0 B BKK APO KE CHKIN COUNTER NBR. 6J K L M OF 6TH ROW 3RD FL OF TERM1. SEE RTSVC 4 AP 02-751-7777 BANANA TOUR 5 AP SEL TBA - TOPAS USER ACCEPTANCE TESTS TICKETING - A 6 TK OK18JUN/SELK13UA3//ETKE 12FAPAX 80-5950000595/ETKE/KRW1130700/18JUN13/SELK13UA3/17320004/S2
TWD로 확인

3) REISSUE/EXCHANGE(HE REISSUE)

승객의 요청으로 최초 항공권의 여정, 운임, 항공사, 등급, 유효기간 등을 변경하여 항공권을 재발행 처리하는 것을 의미한다.

1. Even Exchange(for Unused E-ticket): 운임 변경 없는 경우

PNR 조회(기존 발권된 운임의 Fare rule 확인 후 여정 변경 완료 조건)

FXP → RFP → ER → TQT → TTI/EXCH

변경내역	설명
Fare Calculation Pricing Indicator(FCMI)	M(Manual)으로 변경
Old Fare Field identifier	F(First Issue) → R(Reissue)
Equivalent Fare	'0'으로 변경
Tax indicator	X(New Tax) → O(Old tax)
Total amount	'0'으로 변경
Currency	Reissuing location의 Default currency로 setting
Form of Payment	O/(old form of payment)와 Original form of payment 자동 입력
XF tax	PD XF tax로 자동 변환(PD = Paid)

```
> TTI/EXCH
TST00002     SELK13UA3 AA/18FEB M 1          OD SELSEL SI
T-
FXP
   1.YU/JAESEOK MR
 1   ICN KE  603 Y 11SEP 0820  OK YRT                  11SEP 1PC
 2 O HKG KE  608 Y 15SEP 0045  OK YRT                  11SEP 1PC
    ICN
FARE  R KRW    1053100
TX001 O KRW    28000BPDP TX002 O KRW    17500HKAE
TOTAL   KRW           0
GRAND TOTAL KRW           0
SEL KE HKG Q44.00 401.72KE SEL Q44.00 Q4.25 401.72NUC895.69END
 ROE1173.686000

  9.FP O/CASH
 10.FV KE
```

FO* → FO*L8 → RFP → ER → TWD →

XE8 → TTP/RT →

① FXP → RFP → ER(운임 Pricing 및 저장)

② TQT(새로 저장한 운임 조회)

③ TTI/EXCH(Reissue mode로 변경)

④ FO*(FO element 자동 생성 entry, Original e-ticket 정보)

FO*L8(L8: FA/FHE element 번호)

⑤ RFP → ER(저장)

⑥ TWD(E Ticket Record 조회: IMAGE 조회)

⑦ XE8(기존 E-Ticket 번호 FHE Line번호 삭제)

⑧ TTP/RT(발행)

3 ATC(Automatic Ticket Changer)를 이용한 재발행 및 환불

ATC(Automatic Ticket Changer) 기능을 이용하여 E-Ticket 자동 환불이 가능하다. 항공권 재발행과 환불 자동처리 기능, 운임/Tax/Penalty 자동계산 및 PNR에 반영 ATC를 통하여 처리된 항공권은 Amadeus에서 Guarantee 한다. ATC를 통하여 시스템에서 제공하는 정확한 Penalty 징수가 가능하며, 정확한 운임으로 재발행 및 환불이 가능하여 차후에 잘못 환불처리가 되어 ADM(Agent Demit Memo) 발생을 방지할 수 있다. ATC 환불 실행 시 해당 항공권의 Fare Rule, Calculation(운임계산), Coupon Status 확인, 미사용 구간의 Refundable Amount & Taxes(환불 가능한 금액과 공항세) 등이 계산된다.

이때 해당 항공사가 ATC 기능을 제공하고 있어야 하며, E-Ticket의 Coupon Status는 (O: Open for Use) 또는 (A: Airport Control) 조건이어야 한다. 또한 해당 Fare Rule에 Reissue에 대한 횟수 제한이 없어야 하며, Discount 적용된 항공권은 ATC 환불 적용이 불가하다.

1) ATC 기본 설정사항 확인

ATC 환불 허용 항공사 목록을 보기 위해서는 다음과 같은 지시어로 확인할 수 있다.

FQNATC/CXR

Entry 화면 1

```
FQNATC/CXR
 MARKETS WHERE ATC REISSUE IS DEPLOYED
AG,AE,AI,AL,AM,AR,AT,AU,AW,AZ,BA,BB,BD,BE,BF,BG,BH,BI,BJ,BO,
BR,BS,BY,BZ,CA,CG,CH,CI,CL,CM,CO,CR,CY,CZ,DE,DK,DM,DO,DZ,EC,
EE,EG,ES,FI,FM,FO,FR,GA,GB,GD,GE,GF,GH,GL,GT,GP,GR,GU,HN,HR,
HT,HU,ID,IE,IL,IN,IT,IR,IS,JM,JO,JP,KE,KG,KN,KR,KW,KZ,LB,LC,
LK,LT,LU,LV,LY,MA,MD,ME,MG,MK,ML,MN,MQ,MR,MS,MT,MU,MX,MY,NA,
NC,NE,NG,NI,NL,NO,OM,NP,PA,PE,PK,PL,PR,PT,PY,QA,RE,RO,RS,RU,
RW,SA,SD,SE,SG,SI,SK,SN,SV,SY,TD,TG,TH,TN,TR,TT,TZ,UA,UG,US,
UY,VC,VI,VE,VN,YE,YT,ZA

- ATC REFUND

- AIRLINES CONTENT (BASED ON FARE OWNER VR CATEGORY)
AVAILABLE FOR ALL ATC REFUND USERS
A5,AB,AY,BI,EN,JJ,JP,KC,MI,O6,OZ,SB,SQ,WX

- AIRLINES USING ATC REFUND IN THEIR OWN ATO/CTOS
AB,A5,AY,BI,BR,EN,FV,GL,IB,JJ,JP,K5,KC,KQ,MI,MJ,O6,OK,OZ,QR,
SB,SQ,SS,SV,U6,UL,WX,ZI
```

(1) 재발행 시 ATC 적용가능한 운임의 Rule 조회

FQDSELPAR/AAF/D10NOV/CM/IL

Entry 화면 1

```
> FQDSELPAR/AAF/D10NOV/CM/IL

FQDSELPAR/AAF/D10NOV/CM/IL
ROE 1019.400 UP TO 100.00 KRW
10NOV14**10NOV14/AF SELPAR/NSP;TS/TPM  5626/MPM  8342
MISCELLANEOUS INFORMATION AF SEE INFO NOTE AF/0001
SKYTEAM EUROPEAN AIRPASS --> SEE INFO NOTE AF/2002
LN FARE BASIS    OW    KRW   RT     B PEN  DATES/DAYS    AP MIN MAX R
01 MFFWKR      1750000              M  -      -      -   + -   -   - R
02 MFFKR                    2500000 M  -      -      -   + -   -   - R
```

FQN2//LI

Entry 화면 1

```
> FQN2//LI

FQN2//LI
**  RULES DISPLAY  **
10NOV14**10NOV14/AF SELPAR/NSP;TS/TPM  5626/MPM  8342
LN FARE BASIS    OW    KRW   RT    B PEN  DATES/DAYS    AP MIN MAX R
02 MFFKR                2500000 M  -      -      -    + -   -   - R
FCL: MFFKR     TRF:  44 RULE: FFKR BK:   M
PTC: ADT-ADULT                 FTC: EU -ECONOMY UNRESTRICTED
OPTION LIST
   RU.RULE APPLICATION               SR.SALES RESTRICT
   AP.ADVANCE RES/TKT                FL.FLT APPLICATION
   CD.CHILD DISCOUNTS                SO.STOPOVERS
   TF.TRANSFERS/RTGS                 SU.SURCHARGES
   CO.COMBINABILITY                  HI.HIGHER INTERMEDIATE
                                     POINT
   MD.MISCELLANEOUS DATA             VC.VOLUNTARY CHANGES
          ****** SELECT CATEGORIES ******
                                                 PAGE   1/ 1
```

☞ 재발행 대상 항공권의 Rule을 확인하여 운임 규정 목록에 VC가 있는지 확인

(2) 예약 변경 후 ATC 실행

FXQ

(3) ATC Reissue 적용된 TST 확인 및 Commision, 필요 시 FV 사항 입력

TQT → FMOG → FVAF

(4) 지불내역 입력 후 발권

기존 FP 기존 삭제(XE11) 후 입력

FPO/CASH + /CASH

(5) FHE로 입력된 Old 항공권 이미지 조회 후 발권지시

TWD → TTP/P1/RT

☞ 재발행 지시 전 반드시 Old 항공권의 이미지 조회 후 발권지시를 실행하여야 하며, 재조회하지 않은 경우, [ET RECORD IN AAA HAS CHANGED - USE TWDRT]라는 에러 메시지가 보인다. 항공사에 따라 FHE로 입력된 Old 항공권 번호 삭제가 반드시 필요한 경우도 있어서 [ALL PASSENGER/SEGMENT ALREADY TICKETED]라는 에러 메시지가 Display된다.

2) ATC 환불 지시어

FQNATC/CXR로 확인 후 항공권 번호를 이용하여 ATC 환불을 시작할 수 있으며 항공권 관련 판매금액 정보가 Data Base화 되어 있는 경우는 자동으로 표시된다.

지시어	설명
TRF180-1234567890/ATC	항공권 번호를 이용하여 ATC 환불 시작
TRF/L5/ATC	PNR의 FA/FH Line번호 이용, ATC 환불 시작
TRF/I-123/ATC	순번을 이용하여 ATC 환불 시작
TRFT	TAX 목록 조회하기
TRF	환불 화면 재조회(Redisplay)
TRFP	환불작업 저장, 완료하기
TRFIG	환불작업 저장하지 않고 취소하기(Ignore)

예) SQ항공권으로 SEL/SIN/SEL 발권 후, 전체 미사용 항공권을 ATC 환불 기능을 이용하여 환불함.

① ATC 환불 허용 항공사 확인

```
FQNATC/CXR
- ATC  REFUND
- AIRLINES CONTENT AVAILABLE  FOR ALL ATC  REFUND  USERS
AB,  AY,  JJ,  MI,  SQ
```

☞ 해당 항공사가 ATC 환불 허용 항공사인지 확인

② Office Profile 설정 확인

☞ PVA/ARF
Automated Refund(ARF)에 'YES', PVA/ATF ATC Refund(ATF)에 [1]로 잘 표시되어 있다.

```
PVA/ARF

* * * * * * * * * * * * *  OFFICE  PROFILE  * * * * * * * * * * *
  NS OFFICE ID      1A OFFID     AMID     DATE/TIME      ACT
  1A/SELK13UA3      SELK13UA3    026230   08FEB20/0647   YES
* * * * * * * * * * * * *  TICKETING DATA  * * * * * * * * * * *
ARF AUTOMATED REFUNDS   -     YES

PVA/ATF
* * * * * * * * * * * * *  OFFICE  PROFILE  * * * * * * * * * * *
NS OFFICE ID      1A OFFID     AMID     DATE/TIME      ACT
1A/SELK13UA3      SELK13UA3    026230   08FEB20/0649   YES
* * * * * * * * * * * * *  TICKETING DATA  * * * * * * * * * * *
ATF  ATC  REFUND          -     1
```

③ 항공권 이미지 조회

TWD를 이용하여 항공권을 조회하여 Coupon Status가 O(open)으로 표시 되어 있는지를 확인하여야 한다. 아래 화면상으로는 Open으로 표시 되어 있다.

```
TWD/TKT618-1234567899
TKT-6181234567899  RCI-                    1A LOC-CY3ZPW OD-SELSEL
SI-      FCMI-0   POI-SEL DOI-09FEB20 IOI-17302401
1.LEE/SEUNGKIMR                   ADT             ST  N
  1 O ICNSIN   SQ  603  M 09JAN  0020 OK O   MKKR1M   09FEB  20K
  2 O SINICN   SQ  600  M 15JAN  0805 OK O   MKKR1M   09FEB  20K
  FARE     F KRW       766000
  TOTAL     KRW        950800
  /FC  SEL SQ SIN352.05SQ SEL352.05NUC704.10END ROE1088.893000
  FE NONENDS/RFNDN NOSHOW  FEE APPLYNO PARTIAL RFND FP
  CCBCXXXXXXXXXXXX3333/0917
```

④ 판매 정보 조회 및 ATC 환불 실행

항공권 번호를 이용하여 ATC를 실행하면 판매 정보를 조회할 수 있다. 조회 후 Cancle Penalty가 자동으로 입력되어 공제되었으며 Guarantee Indicator는 ATC 환불 개런티를 의미하는 〈c〉로 표시되어 있음을 확인할 수 있다.

```
TRF618-1234567899/ATC
REFUND   RECORD                                   AGT-17302401 AA/ 09FEB20 C
TKT-Y
NM    NAME             LEE/SEUNGKIMR I    ISSUED          09FEB20
D1   DOCUMENT       618-1234567899 5 CPNS 1200
F     FARE PAID               KRW          766000
U     FARE USED                                  0
FARE REFUND                                 766000
CP    CANX   FEE                             114100
XT   TAX REFUND                             184800 TRFT
 REFUND   TOTAL                              836700
FM    COMMISSION                                 0
FP1 CCBCXXXXXXXXXXXXX3333/0917* E00    836700
S      ITINERARY                    INTERNATIONAL
```

⑤ 환불 기록 조회

```
  TRF
  REFUND   RECORD                                 AGT-17302401 AA/ 09FEB20 C TKT-Y NM
NAME              LEE/SEUNGKIMR
  I     ISSUED            09FEB20
  D1   DOCUMENT      618-1234567899 5 CPNS 1200
  F    FARE PAID                KRW         766000
  U     FARE USED                                  0
 FARE REFUND                                  766000
 CP     CANX   FEE                             114100
 XT   TAX REFUND                              184800   TRFT
  REFUND   TOTAL                               836700
 FM    COMMISSION                                  0
 FP1 CCBCXXXXXXXXXXXXX3333/0917* E00    836700
 S      ITINERARY                     INTERNATIONAL
```

자동으로 산출된 환불 금액 및 환불될 지불수단 등을 확인한다.

⑥ 환불 저장 및 종료

TRFP를 입력하여 환불 저장 및 종료 하였으며, 그 결과 SAC(Settlement Authorization Code)도 생성되었다.

```
TRFP
OK ETKT RECORD UPDATED SAC- 618GTSXZZA9OI OK - REFUND PROCESSED
```

연습문제

1. 다음은 전자항공권의 REVALIDATION 기능에 대한 허용범위의 설명이다. 그 내용이 올바르지 않은 것은?
   1) 여정변경을 진행하고자 하는 여정의 숫자가 변동되더라도 운임에 영향을 끼치지 않는 경우라면, Revalidation이 가능하다.
   2) 여정변경으로 인해 운임의 변동이 없는 경우에 한해서만 가능하다.
   3) 승객별, 구간별로 나누어 진행해야 한다.
   4) Coupon의 상태가 O(Open)이어야 한다.

2. 다음 항공관리의 설명으로 올바른 것은?
   1) VOID란 판매를 취소하는 기능을 말하며 판매 후 7일까지 가능하다.
   2) VOID가 불가할 경우 REFUND로 절차를 진행하여야 한다.
   3) REVALIDATION 기능은 모든 항공사가 제공하는 기능이 아니므로 경우에 따라서는 진행하지 않아도 상관없다.
   4) REVALIDATION이 완료된 경우 Coupon Status가 USED로 변경되어 있어야 한다.

3. 환불에 대한 설명으로 올바른 것은?

1) 환불은 출발일이 경과된 후에는 환불 접수가 불가능하다.
2) 항공사별 환불 취소 허용 여부는 동일하게 적용된다.
3) 환불은 카드, 현금 지불 상관없이 여행사 자체적으로 환불이 가능하다.
4) 일부 Coupon 번호만 선택하여 환불은 불가능하다.

4. 아래 발권한 PNR에서 승객 TICKET을 당일 VOID하고자 한다. 알맞은 ENTRY를 적으시오.

Entry 화면 1

```
> rt2

--- TST TSM RLR ---
RP/SELK1338F/SELK1338F            AA/SU  18MAR16/0724Z   3DN6VV
1915-6302
  1.KIM/KIHONGMR
  2  TG 659 V 22MAR 2 ICNBKK HK1  0935 1330  22MAR  E  TG/3DN6VV
  3  TG 656 V 31MAR 4 BKKICN HK1  2330 0655  01APR  E  TG/3DN6VV
  4 SVC XB HK1 TASF-*** 18MAR/KRW 30000/*TRAVEL AGENT SERVICE FE
    E
  5 AP 031-915-6302TOUR LEADERS YANG
  6 AP 010-9187-6302
  7 APM 010-9187-6302
  8 TK OK18MAR/SELKP3701//ETTG
  9 RM 390000//470000
 10 FA PAX 217-1739186184/ETTG/18MAR16/SELKP3701/17302401/S2-3
 11 FA PAX 954-0079510584/VTXB/KRW30000/18MAR16/SELKP3701/173024
       01/S4
 12 FB PAX 1800069132 TTP/RT OK ETICKET/S2-3
 13 FB PAX 1800069133 TTM/M1/RT OK VIRTUAL MCO/S4
 14 FE PAX TG OP FLT/DATE SHOWN ONLY/RFD/REBKG FEE
       KRW25000/REFUND WITHIN 90DAYS AFTER TICKET EXPIRY/S2-3
 15 FM PAX *F*0.00N/S2-3
 16 FP PAX CCVIXXXXXXXXXXXX9912/0321*E00/A52618140/S2-3
 17 FT PAX *F*KOR5A13P/S2-3
 18 FV PAX *F*TG/S2-3
)>
```

정답: TRDC/L10

CHAPTER

13 항공발권자격증 안내

1 자격증의 종류

토파스의 항공발권자격증은 항공업무 경력관리의 필수 수료증으로 노동부의 인가를 받은 민간자격증이다. 자격발급기관은 ㈜토파스여행정보이며 항공예약과정에서 취득할 수 있는 항공예약자격증과 항공발권자격증으로 분류된다. 항공예약과정에서는 항공예약 1급, 2급이 있으며, 항공발권과정에서는 항공발권 1급, 2급의 종류가 있다. 여행사의 항공권관련 직무능력이 필요한 경우나 항공사의 지상직이나 예약 및 운임관련 직무능력이 필요한 경우 이 두 과정이 합쳐진 항공예약발권 사무원 1급, 2급, 3급의 자격증이 요구되기도 한다. 좀 더 숙련된 여행사의 발권카운터 직원이나 항공권 관련 직무능력이 필요한 경우에는 고급항공예약발권 1급 자격증을 취득하게 된다.

보통 관광 및 항공관련학과의 수업연계과정에서는 항공예약, 항공운임과정의 수료증으로 신청하여 발급받기도 하며 이 경우 응시료는 각 20문항으로 70점 이상은 Silver 수료증, 90점 이상은 Gold 수료증을 발급받게 되며 70점 미만은 수료증을 취득할 수 없게 된다.

2 자격증 신청 절차

TEST를 진행하기 위해서는 웹사이트(http://edu.topasweb.com)에서 과정 신청하며 회원가입 → 로그인 → 교육 → 검색: 과정명을 Online Test로 선택 후 각 학교명으로 검색 → 해당 과정 신청 클릭 → 확인 클릭(결제는 '무통장'으로 체크)한다.

응시를 위해서는 웹사이트 내에 '나의 강의실' 클릭 → 수강과정 → 강의실 입장버튼 클릭 → 우측 상단 시험을 클릭한다.

응시 후 5일~1주일 내에 웹사이트의 나의 강의실 → 수강과정에서 수료/미수료 확인이 가능하며 수료증은 온라인상에서 출력하여 사용하면 된다. 시험응시는 1회까지만 가능하며 중간에 실수로 시험 응시창을 나간 경우 마이페이지에서 강의실 입장하여 다시 응시가 가능하며 이미 제출처리되어 입장이 안 되는 경우 별도로 02-726-6843/6859로 연락하여야 한다.

또한 시험 도중 화면이 흰 여백으로 나오면서 움직이지 않는 경우에는 마우스 우측버튼을 클릭하여 '뒤로가기'를 클릭하며 시험 도중 페이지 오류 발생 시에는 키보드상에서 F5를 눌러 다시 시도한다. 시험 보기 전에 회원가입은 필수이며 ID/PW가 조회되지 않는 경우 아이디/비밀번호 찾기로 확인하여 시험에 미리 대비해야 한다.

3 자격증시험 대비 기출문제 풀이

1. 세계일주여정에 대한 설명 중 맞지 않는 것을 고르시오.
   1) 일정한 한 방향으로 여정이 진행되어야 한다.
   2) SEL/PAR/LAX/NYC/LON/SEL
   3) 대서양과 태평양 모두 횡단해야 한다.
   4) 최초 출발도시로 다시 되돌아와야 한다.

2. 할인운임에 대한 설명 중 맞는 것을 고르시오.
   1) 유아운임은 최초 여행일 기준 만 2세 이하의 좌석 비점유 승객에게 적용된다. (만 2세 미만)
   2) 유아승객의 운임은 국내선, 국제선에 상관없이 무료이다. (국제선은 성인운임의 10%)
   3) 성인보호자 1명에 최대 2명까지 유아할인이 가능하다. (성인 1명당 1명의 유아할인만 가능)
   4) 소아승객은 성인보호자가 같은 Cabin에 탑승해야 동반소아로 간주한다.

3. 다음 여정에 대한 설명으로 틀린 것을 고르시오.

SEL
FRA M
PAR -- 1500.55
X
NCE --
LON M
SEL 1600.77

1) OJT 여정에 속한다.
2) 아랫마디 운임은 여정의 진행 방향대로 내려본다. (올려봐야 한다.)
3) 아랫마디 운임은 1/2RT Fare를 적용해야 한다.
4) Stopover 횟수는 총 2회이다.
5) PAR-NCE 구간 TPM을 포함하여 계산하지 않았다.

4. 다음 여정의 최대허용거리(MPM)는 몇 마일인지 적으시오.

여정: SEL - BKK - KUL

정답: 3,440

5. 다음 도시 중 항공 지리상 Area2에 속하지 않는 도시를 고르시오.

1) DXB
2) DEL
3) MAD
4) CAS

6. 다음 여정에 해당하는 방향지표를 고르시오.

SEL-MOW-CAI

1) PA　　　2) AT

3) TS　　　3) EH

7. 다음 여정 중 여정의 종류가 다른 하나를 고르시오.

1)	2)	3)	4)
SEL	SEL	SEL	SEL
X/BKK 15M	X/BKK	PAR - 1573.29	SEL 5M
SYD - 1943.35	DEL M	LON	SYD - 2374.68
SEL 1689.87	PAR - 1539.96	ZRH M	TYO 2261.86
	SYD - 4403.24	SEL 1573.29	
	SEL 1689.87		

정답: 3번 여정은 RT, 나머지 여정은 CT에 해당됨.

8. 서울-방콕, TG 항공사, 저렴한 운임의 1/2 왕복 NUC로 조회하는 Entry를 쓰시오.

정답: FQDSELBKK/ATG/IX,H

9. 항공운임의 비교 및 결합 등을 위해 사용하는 가상의 통화를 (　　　)라 하고 이 통화와 출발지국 통화와의 환율을 (　　　)라 한다.

1) ROE, NUC　　　2) NUC, ROE

3) BSR, FCU　　　4) FCU, BSR

10. 다음 여정의 운임 적용 방향과 적용 운임의 종류로 맞는 것을 고르시오.

SEL

TYO-

LAX-

SEL

1) ↓ 1/2 RT 운임
↓ OW 운임
↑ 1/2 RT 운임

2) ↓ 1/2 RT 운임
↑ 1/2 RT 운임
↑ 1/2 RT 운임

3) ↓ 1/2 RT 운임
↑ OW 운임
↑ 1/2 RT 운임

4) ↓ 1/2 RT 운임
↓ 1/2 RT 운임
↑ 1/2 RT 운임

11. 다음은 Routing System에 대한 설명이다. 틀린 것을 고르시오.

1) 정해진 경유도시(여정), 항공사, Class를 준수하면 출발지에서 목적지 요금을 그대로 징수한다.
2) Route Map에 공시되어 있는 방향의 반대 방향으로도 적용할 수 있다.
3) 경유도시는 생략할 수도 있고, 추가할 수도 있다.
4) Mileage System 관련 규정은 체크하지 않는다.

12. 다음 여정은 하나의 운임마디(Mileage Through Fare)로 계산 가능한가?

SEL-TYO-BKK-PAR

1) O
2) X

13. 다음 여정을 주어진 조건대로 계산한 후 적용된 마일리지 보완규정과 EMS를 쓰시오.

(정답 예: OOOO체크, OOM)

조건: 12월 3일 출발, 일반석, TAX 제외

SEL	
X/HKG	KE
TPE	CX
KUL	CI

정답: HIP, 15M
풀이: FQPSEL/D3DEC/AKEHKG/ACXTPE-/ACIKUL- ⇒ FQH5

14. 다음 여정을 조건대로 계산 후 TOTAL NUC를 기재하시오.

정답 표기 예) 3434.23

조건: 12월 20일 출발, 1년 체류, 일반석, TAX 제외

SEL	
X/PAR	KE
NCE--	AF
X	
PAR--	
SEL	AF

정답: 3181.61
풀이: FQPSEL/D20DEC/AKEPAR/AAFNCE---PAR-/AAFSEL ⇒ FQH2

15. 다음 여정을 조건대로 계산 후 TOTAL NUC를 적으시오.

정답 표기 예) 3434.23

조건: 12월 20일 출발, 1년 체류, TAX 제외

SEL
BJS -- KE (C/CLASS)
SEL CZ (Y/CLASS)

정답: 720.28
풀이: FQPSEL/D20DEC/AKE/CCBJS/ACZ/CYSEL ⇒ FQH1

16. 다음 여정의 운임을 KE FARE 중 E(L,K,H)EVZRKZ을 사용하는 경우, NAN-CHC 구간에 적용 가능한 항공사와 BOOKING CLASS를 쓰시오.

출발일: 12월 1일

SEL
NAN
KE
CHC --(   )
NAN(   )
SEL
KE

정답: FJ(V-M-S-K)
풀이: FQDSELCHC/D1DEC/AKE/IL,X ⇒ FQR1 ⇒ 해당 구간 항공사 확인 ⇒ GG AIR KE CLS XX
(XX :항공사코드) ⇒ Booking Class 확인

17. 다음 여정에 적용 가능한 가장 저렴한 운임을 계산 후 TTL FARE (KRW)를 기재하시오.

정답 표기 예) 2500000

조건: KE FARE, 출발일 3월 1일, 체류기간 6개월, 예약 후 3일 이내 발권 가능함

SEL
AMS KE
PAR --(임의지정)
LON (임의지정)
SEL
KE

정답: 1650000
풀이: FQDSEL;PAR/D1MAR/AKE/IL,X ⇒ FQR4 ⇒ 이후 RTG MAP에 부합하는 항공사 지정하여 FQP 실행 (FQPSEL/D1MAR/AKEAMS/AKLPAR/ABALON/AKESEL) ⇒ FQH5

18. 다음 여정에 적용 가능한 가장 저렴한 운임으로 계산한 후 여정에 대한 설명으로 틀린 것을 고르시오.

조건: KE Fare, 출발일 12월 1일, 체류기간 1개월, 예약 후 3일 이내 발권 가능함

1) 가장 저렴한 운임인 EKEVZRLEKS2를 적용할 수 있다.
2) 적용운임의 BKK-USM 구간은 TG 항공을 이용할 수 있다.
3) 적용운임은 6개월의 유효기간을 가진다.
4) 적용운임은 최소의무체류기간은 적용하지 않는다.

SEL
BKK KE
USM - ( )
BKK ( )
SEL
KE

풀이: FQDSEL;USM/D1DEC/AKE/IL,X ⇒ FQR1 → RTG에 맞는 항공사 지정하여 FQP로 운임 계산

19. 다음 운임 조회 화면에 대한 설명으로 맞는 것을 고르시오.

```
FQDSELSIN/D25DEC/AKE/IL,X
MORE FARES AVAIL IN USD
ROE 1131.499401 UP TO 100.00 KRW
25DEC18**25DEC18/KE SELSIN/NSP;EH/TPM  2883/MPM  3459
LN FARE BASIS    OW    KRW   RT    B PEN  DATES/DAYS   AP MIN MAX R
01 EHEVZRKS                830000 E  +  S21DEC  28FEB   + -    6M R
02 HHE0ZRKS                930000 H  +  S21DEC  28FEB   - -    6M R
03 EHEV0RKS    500000             E  +  S21DEC  28FEB   + -     - R
04 MHE0ZRKS               1030000 M  +  S21DEC  28FEB   - -   12M R
05 MHE0ZRMS               1031900 M  +  S21DEC  28FEB   - -   12M M
06 HHE00RKS    558000             H  +  S21DEC  28FEB   - -     - R
07 MHE00RKS    618000             M  +  S21DEC  28FEB   - -     - R
08 MNE00EKS    624000             M  +     -       - + - -      - M
09 BHE0ZRKS               1270000 B  +  S21DEC  28FEB   - -   12M R
10 BHE0ZRMS               1273200 B  +  S21DEC  28FEB   - -   12M M
11 YRTKE                  1512600 Y  +     -       -    - -     - R
```

1) 출발일 12월 25일의 SQ항공 FARE에 대한 조회 화면이다. (KE 운임)
2) 1번 운임의 최대체류허용기간은 출발일로부터 6개월이다.
3) 1번 운임의 ROUTE MAP 확인 Entry는 FQN1이다. (FQR1)
4) 1번, 3번, 8번 운임은 Advance Purchase 규정에 제한이 있다.
   (1번과 3번만 AP 규정 적용)

20. Fare System의 기본 Entry와 그 주요 기능으로 잘못 연결된 것을 고르시오.

1) FQN – Fare Rule 조회
2) FQM – 초과수하물 Charge
3) FQP – PNR이 없는 경우 운임 자동 계산
4) FQD – 두 도시 간 운임 조회

21. 다음은 HIP 체크에 대한 설명이다. 틀린 것을 고르시오.

1) 운임마디별로 체크한다
2) 초과거리할증이 적용된 경우는 HIP 운임에 할증한다.
3) 해당 운임마디의 운임적용방향에 따라 실시한다.
4) 도중체류와 상관없이 여정상의 모든 지점은 체크대상이다.

22. 다음은 Mileage System에 대한 설명이다. 틀린 것을 고르시오.

1) TPM은 항공편이 운항중인 구간에만 설정되어 있다.
2) MPM은 항공편이 운항하지 않더라도 설정되어 있다.
3) 운임할증률이 25%를 초과하는 경우에는 하나의 운임마디로 계산 불가하다.
4) MILEAGE SYSTEM의 3대 요소는 TPM, MPM, HIP이다.

부록

- 발권 Quick-Reference
- 예약 Quick-Reference
- 항공운임에서 자주 쓰이는 용어

■ 발권 Quick-Reference

Fare Display	
FQD Fare Display (HE FQD)	FQDSELPAR/D05MAY(출발일 지정) FQDSELPAR/D05MAY/AAF (AAF: 항공사 AF 지정) FQDSELPAR/AKE/R,-GRP(단체 운임) FQDSELPAR/IX/AKE/R,NUC(IX: 낮은 운임순) FQDSELPAR/IX/AKE/IR/R,NUC(IR: RT운임) FQDSELPAR/IX/AKE/IH/R,NUC(IH: 1/2RT운임) FQDSELSEL/AKE/VRW(VRW:RTW) FQDNYCWAS/AAA/R,-VA(R,-VA: VUSA운임)
Fare Quote Tools	
마일리지 조회(HE FQM)	FQMSELHKGBOMSEL FQMSELBKK—BOMDEL(--: 비항공 운송구간)
통화변환(HE FQC)	FQC1000.00USD(KRW자동변환) FQC300000KRW/NUC(KRW→NUC)
ROE 조회(HE FQA)	FQAKRW FQA*LON/20JAN13 (과거조회)
Banker's Rate 조회(HEFQB)	FQBKRW
TAX 정보조회(HE FQN)	FQNTAX/SE(SE: 국가코드) FQNTAX/SE/XS(XS: TAX코드)
Booking Class 조회(HE FQS)	FXP 이후→FQS1, FQS1-1(운임번호-마디번호)
운임규정 조회(HE FQN)	FQD 이후→FQN3 FQN3//AP,SO (AP:Advance Purchase, So: Stopover)
Routing Map 조회(HE FQR)	FQD 이후→FQR3
자동운임계산(PNR 없는 경우: FQP→FQH1 (1: 라인번호)	
기본조회	FQPICNNRTICN 항공사 미지정 시 (YY)로 계산됨
항공사 지정	FQPICN/AJLNRT/AOZICN FQPICNNRTICN/OJL(/OJL: 전구간 동일항공사)
날짜 지정	FQPICN/D20MARNRTICN/OKE(미지정시 오늘 출발로 계산됨) FQPICN/CYNRT/CFICN/OKE
Booking Code 지정	FQOICNNRTICN/OKE/RCH(CH: 소아, IN: 유아)
할인운임 지정	FQPICNCDGICN/OKE/RGV-CG00
단체운임 및 추가 할인 지정	(CG00: 투어가이드100% 할인) FQPICNCDGICN/OKE/RGV-CH FQPICNCDGICN/OKE/RGV-IN FQPICNCDG-FCOICN/OKE
중간체류지 지정(Stopover)	(체류도시 뒤에 입력 전구간 체류 시 표시 불필요) FQPICN/AKELAX/AAASAN—WASAKEICN
비항공 운송구간 지정(Surface)	(Surface 구간 사이에 —입력) FQPICN/AKELAX/AAASFO---SEA-/AAANYC/AKEICN (Surface ---, 체류지정-)동시지정 FQPICN/AKE/BLON/ABAPRG/AKEICN
운임분리지점 지정	FQPICN/AKE/NLON/ABAPRG/AKEICN
운임분리 강제 미지정	FQPICNBKKICN/OTG/R,SEL.SEL
항공권 판매/발권지 지정	(R,SEL: 판매지, SEL: 발권지)

발권 DATA 구성요소	
기본조회	FXP(전승객), FXP/PAX(성인 및 소아), FXP/INF(유아)
과거발권일 지정	FXP/R,20JUN13(과거 1년 전까지 조회)
승객 지정	FXP/P1 FXP/P2,4 FXP/P1-3
SEG 지정	FXP/S3 FXP/S2,4,6 FXP/S1-5
할인 지정	FXP/RSD FXP/P2/RSD FXP/RCH*ZZ*SD(복수할인코드 지정) FXP/P1/RCH/P2/RZZ
Unifare, Corporate 지정	FXP/R,U FXP/R,U123001(123001): Corporate Code
Negotiated Fares	FXP/R, NEGO
단체 지정	FXPRGV
Fare Break Point 지정	FXP/B3, FXP/B3/B6
판매지/발권지 지정	FXP/R,.SELMNL
발권항공사 지정	FXP/R,VC-KE
운임선택	FXT3/P1(4: 운임번호), FXT4/P2,3
운임선택(복수승객)	FXT1/P1,3//5/P2(1,5: 운임번호)
운임선택(성인, 동반유아)	FXT1/P1//2/P1
TST 조회(PNR 조회 → FXP → FXT1 → TQT	
기본조회	TQT(No Disc), TQN(Disc 적용) TQT/PAX(성인 및 소아), TQT/INF(유아) TQT/T1(T;TST), TQT/P1(P: 승객)

E-Ticket 발권 가능 항공사 정보	
발권 가능 항공사 조회	TGETD-KR(KR: 국가코드)
항공사별 Condition 조회	HEETTKE
Interline 항공사 조회	TGAD-KE/TG(KE: Validating Carrier)
BSP 가입항공사 조회	TGBD-KRW(KR: 국가코드)
BSP 미가입항공사 조회	TGGDS-KR(KR: 국가코드)
Stock관리	
발권가능매수 조회	TOQD,TOQD/VCKE
발권가능항공권 종류표시	DSLD/ALL/SP-KR/0-SELK13UA3
발권지시어(HE TTP)	
기본	TTP/RT(전승객발권 및 PNR 조회 TTP/INF(유아) TTP/T1/RT,TTP/P1/RT
항공권이미지 조회(HE TWD)	
항공권이미지 조회	TWD,TWD/L9(PNR 내 항공권 라인번호) TWD/TKT180-1234567890(항공권번호 조회) TWDRT(최근30분 내 조회했던 E-Ticket이미지 다시보기)

Revalidation(HE REVALIDATION)	
①PNR 조회 ②이미지 조회 ③PENALTY 확인 ④항공사 허용여부 확인 ⑤여정 변경 ⑥REVALIDATION	RT12345678 TWD,TWD/L9 FQD 이후 → FQN1//PE HEETTKE(KE: 항공사코드) SB25DEC3 TTP/ETRV/S3/L7/E2(S3: PNR SEG번호, L7: PNR의 항공권 Line번호, E2; E-Ticket쿠폰번호)

PNR에 항공권 번호 연결(HE FH)	
승객 1번, 쿠폰 2번, SEG3 연결	FHE988-1234567899/C2/S3/P1
성인승객 1번, 쿠폰 2번, SEG3 연결	FHEPAX988-234567899/C2/S3/P1
유아승객 1번, 쿠폰 2번, SEG3 연결	FHEINF988-234567899/C2/S3/P1

Reissue(HE REISSUE)	
①복편 날짜 변경 ②운임 재계산 ③Reissue Mode로 변경 ④MAX Stay입력(필요시) ⑤최초항공권 정보 ⑥REVALIDATION	SB25DEC3 FXP TTK/EXCH TTK/VXX15MAR FO*L8(L:FA/FHE라인번호) TTP/RT/P1

■ 예약 Quick-Reference

DECODE/ENCODE	
도시/공항 주 국가 항공사 기종 Multi Airport 최소연결시간(MCT) Local Time 특정 도시 Time	**DAC**LON **DAC**LHR **DAN**LONDON **DAN**HEATHROW **DAN**LON* (LON으로 시작하는 도시목록 확인) **DAN**LONDON/S (LON 인근 지역 확인) **DNS**USCA **DNS**CALIFORNIA **DC**FR **DC**FRANCE **DNA**CX **DNA**CATHAY PACIFIC **DNA**160(CX Numeric Code) **DNE**744 **DNE**BOEING**DNE**AIRBUS **DB**NYC **DM**JFK EWR **DM**DL/JFK/10AUG(항공사/공항/날짜지정) **DMI** (PNR SEG가 있는 경우 전체 SEG의 MCT 조회) **DD** **DD**ROM

Availability(예약 가능편) 조회	
기본 조회 시간 기준 지정	**AN**15MAYSELBKK **AN**15MAYSELBKK**1500**
Arrival Time 기준 조회	**AD**25OCTMADNYC

Elapsed Time 기준 조회	AA25OCTMADNYC
KE 포함 AVBLTY 모두 조회	AE25OCTMADNYC
	ANKE15MAYSELTYO AN15MAYSELTYO/AKE
최대 6개 항공사 지정 조회	AN30SEPLONSYD/ABA,QF,EK
NON STOP ONLY	AN15MAYSELDFW/FN
DIRECT ONLY	AN15MAYSELHNL/FD
CONNECTION ONLY	AN15MAYSELDFW/FC
경유지 지정	AN10MAYSELPDX1400/XLAX
경유지, 항공사 지정	ANUA10MAYSELPDX/XLAX
	AN15MAYSELDFW/FC
경유지 지정(2개)	AN10MAYSELSAO/XLAXMEX
특정일, 시간 복편 동시 조회	AN10MAYSELTYO*20MAY2P (복편 2pm 한 시간 전 스케줄부터 조회)
	1XXAD1SEPSELHKG(XX-항공사)
항공사 Direct Access 조회	
	AN1SEPSELHKG → ACL3
특정 항공사로Direct Access 조회	
Sky Team Alliance 조회	AN*S20MARSELBKK
Availability(예약 가능편) Option 조회	
추가 AVLTY 조회	MD
Move Down First Part/Second Part	MDF,MDS
Move Up First Part/Second Part	MUF,MUS
Original AVBLTY	MPAN
3일 후 동 구간 AVBLTY 조회	AC3
현 조회 화면에서 1일 이전 AN 조회	AC-1
12월 1일 동 구간 AVBLTY 조회	AC01DEC
09시 기준 AVBLTY 조회	AC0900
Redisplay AVBLTY	MOAN
선행 AVBLTY에서 목적지 지정 AVBLTY	AC/NHKG
항공사를 TG로 변경하여 조회	AC/ATG
현 조회 화면에서 복편 조회	ACR
복편 구간 09시 기준 조회	ACR0900
3일 후 복편 조회	ACR3
12월 10일 복편 구간 AVLBTY 조회	ACR10DEC
Flight 정보 조회	DO2 (2-라인번호)
Schedule(스케줄) 조회	
기본 조회	SN10SEPSELTYO
Departure Time 기준 조회	SD10SEPSELTYO
Arrival Time 기준 조회	SA10SEPSELTYO
Elapsed Time 기준 조회	SE10SEPSELTYO
Time Table 조회	
기본 조회	TN10SEPSELTYO
기본조회 화면에서 1주일 단위로 조회	MN
1주일 간의 특정 항공사 Time Table 조회	TN10JULSELSFO/ASQ (최대 6개 항공사까지 지정 가능)
1주일간의 모든 항공사 Time Table 조회	TN10JULSELSFO/AYY
역방향 Time Table 조회	TCR
여정(Itinerary Element) 작성	
개인(INDIVI)	AVBLTY 조회 후 좌석 요청 SS1C2 1번 SEG C,2번 SEG B CLSSS1CB1 1명 예약 연결편 동일 CLS 예약 SS1CC1 또는 SS1C1 0Booking(Long Sell) ->SSKE905M21APRICNFRA1 대기자 예약 → SSKE905M21APRICNFRAPE1
단체(GROUP)	단체 좌석 예약 SS10G1/SG 단체 0 Booking(Long Sell) → SSKE603G10SEPICNHKGSG10

OPEN	항공 편수, 날짜 미확정 SOKEMLAXICN 항공 편수 미확정 SOKEM10SEPLAXICN 두개 항공사 OPENSOSKBA/C20SEPSTOLHR ARNK 입력 SI ARNK
여정 변경	3번 여정의 날짜 12월 10일로 변경 SB10DEC3 4번 여정의 편수 KE652편으로 변경 SBKE652*4 전 여정의 CLASS Y CLASS로 변경 SBY
여정 취소	전 여정 취소 XI 일부 여정 취소 XE1,3(1번, 3번 여정만 취소) XE1-3(1번~3번 여정 취소)
이름(Name Element) 입력	
성인(Adult)	기본 예약 **NM1**LEE/TOPASMR 동일성 승객 동시입력 → **NM2**LEE/TOPASMR/SOONSHINMS 다른 이름 동시입력 → **NM1**LEE/TOPASMR**1**CHO/GODAMS
소아(Child)	기본 예약 **NM1**LEE/SOAHMSTR**(CHD/13JAN06)** DOB 생략 **NM1**LEE/SOAHMSTR**(CHD)**
유아(Infant)	기본 예약 - 보호자와 다른 성인 경우 → NM1LEE/TOPASMR**(INFKIM/BABY/13JAN13)** 기본 예약-보호자와 동일 성인 경우 → NM1LEE/TOPASMR**(INF/BABY/13JAN13)**
이름 삭제	개인 승객 이름 삭제 **XE1**(1번 승객 삭제)
단체(GROUP)	단체명 입력 NG15TOPAS/TOUR 실제 승객명 입력 **NM1**LEE/TOPASMR 입력된 승객 명단 확인 RTN 이름 삭제(GROUP SIZE 유지) **3G**(3-승객번호) 이름 삭제(개별이름 삭제) **XE2**(2-Element 번호) 성명 수정**NU**1/1CHOI/KODAMR NO NAME 승객 감원 **XE0.3**(3명 감원)
전화번호(Phone Element) 입력	
여행사 전화번호	AP02-123-4567-A
핸드폰 번호	APM-010-2131-3413
사무실 번호	APB-02-123-4567
집 전화번호	APH-02-6347-1234
FAX 번호	APF-02-726-1234
이메일 주소	APE-EMAIL@ EMAIL.NET
Office Profile에 저장된 번호 입력	AP
전화번호 삭제	XE6
발권시한(TK Element) 입력	
발권시한 지나도 SEG 유지	TKTL TKTL19DEC
발권시한 지나면 SEG 취소	TKXL TKXL19DEC
예약 후 즉시 발권	TKOK
예약 의뢰자(Received From) 입력	
기본 입력	RFP RFPAX
FACT Element 입력	
OSI 입력	OS BA HOLLYWOOD MOVIE STAR/P1
SSR 입력	SR VGML, SRVGMLKE, SRVGML/P1
Group Fact	SR GRPF KE GV10
좌석점유 유아	SR INFT-13JAN13/P2
APIS 입력	SR DOCS KE HK1-P-GBR-012345678-GBR-20JUN73-M-14APR19-CHANG-YANG/P1/S3
Remarks 입력	
General Remarks(모든 여행사 조회 가능)	RM Free Text
Corporate Remarks (RX 입력한 여행사, EOS 권한 여행사 조회 가능)	RX Free Text
Confidential Remarks (RC 입력한 여행사만 조회, 수정 가능)	RC Free Text

PNR 저장 및 조회	
PNR 저장	ET
PNR 저장 및 Retrieve	ER
예약 코드 정리	ETK
예약 코드 정리 후 PNR Retrieve	ERK
PNR 정리 및 Display	RT
이전 작성한 PNR Retrieve	RTPP
PNR 번호로 조회	RT0123-1234
승객 이름으로 조회	RT/HONG/GILDONG → RT4 RT/HONG/G → RT4
출발일 및 승객 이름으로 조회	RT/10DEC-HONG → RT4
편명, 출발일, 승객 이름으로 조회	RTKE651/10DEC-HONG
유사 명단으로 되돌아 오기 PNR Display 상태에서 해당	RT0(숫자 0)
항공사 PNR 조회	RL
PNR 번호 변경	RSVN/1234-1231(변경번호)

PNR History	
History 조회	RH
Q History	RHQ
History 조회(Q History 포함)	RH/ALL(RH+RHQ)
Air Segment만 조회	RHA
FACT만 조회	RHG
Phone만 조회	RHJ
Name만 조회	RHN

PNR Split	
2번 승객 Split	SP2 → RFPAX → EF → RFPAX → ET

Group Booking	
단체명 입력	NG20TOPAS/PTY
여정	AN30SEPSELBKK/AKE → N20G1/SG SSKE652G10OCTBKKSELSG20
전화번호	AP 02-726-6871; APM-010-1234-1234
Group Fact	SR GRPF KE-GV10
저장	ER
실제 승객명 입력	NM1LEE/TOPASMR
입력한 승객 명단 확인	RTN
입력한 승객명 삭제	2G(RTN 확인 후 2번-실명 승객 삭제)

Queue	
Q 전송	QE8C1D1(같은 Office) QE/OFFICE ID/8C1D1(다른 Office) PNR 조회 → RTQ → QXP3(3번 라인)
Q 전송 취소	QS8CE(8번에 존재하는 모든 Q)
Q Count	QS8CA(Active 카테고리만 조회)
다음 PNR 조회	QD
Q에서 제거, 다음 PNR조회	QN ET
Q 작업 종료	QI

■ 항공운임에서 자주 쓰이는 용어

1) Global Indicator

GI	설 명
AP	Between Area 2 and Area 3 via the Atlantic and the Pacific
AT	Between Area 1 and Area 2/Area 3 via the Atlantic(other than SA)
EH	Between Area 2 and Area 3 via Eastern Hemisphere(other than TS/RU/FE)
FE	Between Russia(in Europe)/Ukraine and Area 3 with nonstop service between Russia(in Europe)/Ukraine and Area 3 other than Japan, Korea(Dem. Rep. of), Korea(Rep. of)
PA	Between Area 3 and Area 1 via Pacific(other than between SWP and South America via north America and North/Central Pacific; other than PN)
PN	Between South America and South West Pacific via North America but not via North or Central Pacific
RU	Between Russia(in Europe) and Area 3 with nonstop service between Russia(in Europe) and Japan, Korea(Dem. Rep. of), Korea(Rep. of); not via another country (ies) in Europe
SA	Between Argentina/Brazil/Chile/Paraguay/Uruguay and South East Asia via point(s) in South East Asia, republic of Korea, democratic people's republic of Korea, south Asian sub-continent, central Africa, south Africa, Indian ocean islands or via direct services Between Argentina/Brazil/Chile/Paraguay/Uruguay and republic of Korea/democratic people's republic of Korea via point(s) in South East Asia, republic of Korea, democratic people's republic of Korea, south Asian sub-continent, central Africa, south Africa, Indian ocean islands or via direct services Between Argentina/Brazil/Chile/Paraguay/Uruguay and south Asian sub-continent via point(s) in South East Asia, republic of Korea, democratic people's republic of Korea, south Asian sub-continent, central Africa, south Africa, Indian ocean islands or via direct services
TS	Between Area 2 and Area 3 (Trans Siberian route) with a sector having nonstop service between Europe and Japan, Korea(Dem. Rep. of), Korea(Rep. of) (other than RU/FE)
WH	Within Area 1(Western Hemisphere)

2) 항공운임용어 약어의 설명

ADC	Additional collection
ADT	Adult
AF	Applicable Fare
APEX	Advance Purchase Excursion Fare
ARC	Airline Reporting Corporation
ARV	Agent Refund Voucher
ASEA	Association Of South East Asian Nations Air Transport Association
ATA	Of America
ATB	Automated Ticket And Boarding Pass Animal in hold
AVIH	Address verification service
AVS AWB	Air waybill
BAR	Board of Airline Representatives(for the country concerned) Bankers'buying
BBR	rate
BHC	One way backhaul check
BSP	Billing and settlement plan
BSR	Bankers'selling rate
CC	Credit card payment
CCP	Currency of country of payment
CF	Constructed fare
COC	Country of commencement of international travel/transportation
CRS	Computer reservation system
CT	Circle Trip
CTM	Circle trip minimum check
EFP	Equivalent fare paid
EMA	Extra mileage allowance
EMD	Electronic miscellaneous document
EMS	Excess mileage surcharge
ET(E-TKT)	Electronic ticket
FCMI	Fare calculation mode indicator
FCP	Fare construction point
GDS	Global distribution system
GEBAT	Government excess baggage authorization/ticket
GIT	Group inclusive tour fare
GSA	General sales agent

HI	High NUC in backhaul check
HIP	Higher intermediate fare check
IIT	Individual inclusive tour fare
IROE	IATA rate of exchange
ISO	International standards organization
IT	Inclusive tour
LCF	Local currency fare
LO	Low NUC in backhaul check
MCO	Miscellaneous charges order
MEDI	Medical information form
MPD	Multiple purpose document
MTP	Minimum tour price
NA	Not applicable
NO-ADC	No additional collection
NOJ	Normal fare open jaw
NTA(A)	Canadian national transportation agency(AIR)
NUC	Neutral unit of construction
OJ	Open jaw for special fares
ONOJ	Origin normal fare open jaw
OOJ	Origin open jaw
OPTAT	Off premise transitional automatic ticket
OCR	Optical character recognition
OW	One way
PETC	Pet in cabin
PEX	Instant purchase excursion fare
PFC	Passenger facility charge
PNR	Passenger name record
PTA	Prepaid ticket advice
RBD	Reservation/booking designator
RFIC	Reason for issuance code(MCO)
ROE	Rate of exchange(NUC conversion rate)
RT	Round trip
RTW	Round-the-world
SASC	South Asian subcontinent sub-area
SAR	Special administrative region of China
SEA	South east Asia sub-area
SOJ	Single open jaw
SWP	South west pacific

TAT TFC(S) TNOJ TOD TPM	Transitional automated ticket Taxes, fees and charges Turnaround normal fare open jaw Ticket on departure Ticketed point mileage
UATP US DOT	Universal air travel plan United states department of transportation
VAT	Value added tax

3) 항공운임의 일반적 계산절차

① 편도운임절차

편도운임절차(OW STEPS)	ALL TRANSACTIONS
FCP(fare construction points)	운임마디 결정
NUC (neutral units of construction)	운임마디 내의 출발지에서 목적지까지의 공시운임
RULE	적용 가능한 운임 Rule Check (Specified Routing 적용/Stopover, Transfer 적용)
MPM (maximum permitted mileage)	운임마디 간 MPM 적용
TPM(ticketed point mileage)	MPM과 TPM의 합 비교
EMA(extra mileage allowance)	운임마디 내 TPM이 MPM 초과 시 TPM deduction 적용
EMS(excess mileage allowance)	TPM합 ÷ MPM 하여서 M ~ 25M 할증
HIP(higher intermediate point)	운임마디 내의 가장 높은 운임까지 상향 징수 (운임적용 방향으로) - 출발지에서 모든 도중체류지점(stopover) - 도중체류지점에서 도중체류지점 - 도중체류지점에서 목적지(fare construction point) 간에 Mileage 할증이 있다면 HIP 운임에 할증
RULE	상향 운임 징수하면서 rule check (Stopover,Transfer,Seasonality(including blackout dates), Day of week, Flight application 적용)
AF(applicable fare)	적용 가능한 공시운임
BHC(backhaul check)	각 운임마디별 check 출발지에서 도중체류지점 간 HIP이 발생한 경우 BHC 비교, 운임이 낮은 경우 상향 징수 HIP 운임 사용 시 Seasonality(including blackout dates), Day of week, Flight application, Number of stopover and Transfer 조건 사용
TTL(total amount in NUC)	모든 운임마디의 AF 운임을 합산한 TTL NUC를 구함
IROE(IATA rate of exchange)	TTL NUC에 출발지국 IROE를 곱한다.
LCF(local currency fare)	출발지국 통화에 맞게 끝 단위 처리하여 표기한다.

② RT/CT 운임의 계산절차

RT/CT의 적용 절차	FOR ALL TRANSACTIONS
FCP(fare construction points)	Outbound 여정 운임과 Inbound 여정 운임이 동일하게 적용되는 경우, 운임마디 결정
NUC (neutral units of construction)	운임마디 내의 출발지에서 목적지까지의 1/2RT 공시 운임 적용
RULE	적용 가능한 운임 Rule Check (Specified Routing 적용/Stopover, Transfer 적용)
MPM (maximum permitted mileage)	운임마디 간 MPM 적용
TPM(ticketed point mileage)	MPM과 TPM의 합 비교
EMA (extra mileage allowance)	운임마디 내 TPM이 MPM 초과 시 TPM Deduction 적용
EMS (excess mileage allowance)	TPM 합 ÷ MPM 하여서 M ~ 25M 할증
HIP(higher intermediate point)	운임마디 내의 가장 높은 운임까지 상향 징수 (운임적용 방향으로) - 출발지에서 모든 도중체류지점(stopover) - 출발지에서 모든 도중체류지점(stopover) - 도중체류지점에서 목적지(Fare Construction point) 간에 Mileage 할증이 있다면 HIP 운임에 할증
RULE	상향 운임 징수하면서 rule check (Stopover, transfer, Seasonality(including blackout dates), Day of week, Flight Application 적용)
AF(applicable fare)	적용 가능한 공시운임
SUB TTL(Subtotal NUC)	두 개 또는 그 이상으로 구성되어 있는 운임마디를 더한다. ▷ HIP Check, Mileage 할증 있을 시 HIP 운임에 할증
CTM (Circle Trip Minimum Check)	CT 여정에 적용되며, 출발지에서 각 도중체류지점까지의 직행 왕복운임을 확인하고 그 중 가장 높은 운임까지 받아준다. ① Normal fare인 경우: 운임마디의 개수가 2개 이상이며, HIP 결과와 상관없이 출발지에서 도중체류지점 간의 가장 높은 RT 운임 수준까지 받는다. ② Special fare인 경우: 운임마디의 개수가 반드시 2개이어야 하며, 출발지에서 도중체류지점의 HIP이 없는 구간은 CTM check하지 않는다. 만약 출발지에서 도중체류지점의 HIP이 걸렸다면 가장 높은 Special RT 운임까지 받는다.

TTL(total amount in NUC)	모든 운임마디의 AF 운임을 합산한 TTL NUC를 구한다.
IROE(IATA rate of exchange)	TTL NUC에 출발지국 IROE를 곱한다.
LCF(local currency fare)	출발지국 통화에 맞게 끝 단위 처리하여 표기한다.

③ OJT(OPEN JAW TRIP) 운임의 계산절차

OJT STEPS	ALL TRANSACTIONS
FCP(fare construction points)	운임마디 결정
NUC(neutral units of construction)	운임마디 내의 출발지에서 목적지까지의 1/2RT 공시운임 적용
RULE	적용 가능한 운임 Rule Check (Specified Routing 적용/Stopover, Transfer 적용)
MPM (maximum permitted mileage)	운임마디 간 MPM 적용
TPM(ticketed point mileage)	MPM과 TPM의 합 비교
EMA (extra mileage allowance)	운임마디 내 TPM이 MPM 초과 시 TPM deduction 적용
EMS(excess mileage allowance)	TPM 합 ÷ MPM 하여서 M ~ 25M 할증
HIP(higher intermediate point)	운임마디 내의 가장 높은 운임까지 상향 징수 (운임적용 방향으로) - 출발지에서 모든 도중체류지점(stopover) - 도중체류지점에서 도중체류지점 - 도중체류지점에서 목적지(fare construction point) 간에 Mileage 할증이 있다면 HIP 운임에 할증
RULE	상향 운임 징수하면서 rule check (Stopover, Transfer, Seasonality(including blackout dates), Day of week, Flight Application 적용)
AF(applicable fare)	적용 가능한 공시운임
SUBTTL	Outbound 여정운임과 Inbound 여정 운임을 더해서 구함.
TTL(total amount in NUC)	모든 운임마디의 AF 운임을 합산한 TTL NUC
IROE(IATA rate of exchange)	TTL NUC에 출발지국 IROE를 곱한다
LCF(local currency fare)	출발지국 통화에 맞게 끝 단위 처리

참고문헌

강혜숙(2007), e-티켓 시대의 항공예약발권, 대왕사.

김기홍 · 조인환(2005), 여행항공실무, 한올출판사.

김학용(2014), 항공업무관리, 대왕사.

아시아나 애바커스(2011), 항공운임과 발권의 기초.

이선희 · 손병모(2006), 최신 항공예약발권실무론, 대왕사.

이용일 · 김재석 · 이선미(2009), 항공운임 발권실무, 새로미출판사.

이종남(2012), 항공실무, 백산출판사.

장양례 · 양정임(2012), 항공예약실무, 백산출판사.

정호진(2011), 기초항공운임발권, 한올출판사.

장순자(2014), 최신항공업무의 이해, 백산출판사.

조희정 · 원종혜 · 최미선(2008), 항공예약실무.

천덕희 · 민정아 · 장윤희(2013), 항공발권실무.

토파스 여행정보(2013), 토파스 발권실무.

토파스 여행정보(2014), 토파스 예약발권 종합.

하동현 · 조문식 · 김영규(2010), 여행사경영론, 대왕사.

대한항공 홈페이지(http://koreanair.com)

아시아나항공 홈페이지(http:www.flyasiana.com)

토파스 여행정보 홈페이지(http:www.topasweb.com)

토파스 SellConnet 홈페이지(http:www.topasellconnect.com)

인천공항공사 홈페이지(http:www.airport.or.kr

저자약력

양정임

경희대학교 대학원 관광학 박사
현재, 숭의여자대학교 관광과 교수 재직
신한대학교 관광경영과 겸임교수 역임
경희대학교 호텔관광학부 출강
세종대학교 호텔관광학부 출강
한국관광대학교 항공서비스과 출강
(주)탑항공 본부장 역임–항공예약발권카운터
(주)투어리더스 항공 대표이사 역임–항공상품기획

저자와의
합의하에
인지첩부
생략

항공운임발권실무

2020년 3월 10일 초판 1쇄 인쇄
2020년 3월 15일 초판 1쇄 발행

지은이 양정임
펴낸이 진욱상
펴낸곳 (주)백산출판사
교　정 편집부
본문디자인 오행복
표지디자인 오정은

등　록 2017년 5월 29일 제406-2017-000058호
주　소 경기도 파주시 회동길 370(백산빌딩 3층)
전　화 02-914-1621(代)
팩　스 031-955-9911
이메일 edit@ibaeksan.kr
홈페이지 www.ibaeksan.kr

ISBN 979-11-6567-052-8　93980
값 22,000원